Bernhard J. P. Zimmer

Der Froschprinz

AF284046

Buch

Hier folgt die zweite Sammlung heiterer und melancholisch-philosophischer Gedichte und Prosa-stücke des Autors. Sie sind zeitlich und thematisch gemischt und folgen keiner strengen Anordnung. Lediglich die titelgebenden Texte „Der Froschprinz" und analog im Prosateil „Der Eiserne Heinrich" stehen jeweils am Anfang der beiden Hauptabschnitte, damit der Buchtitel auch eine gewisse Berechtigung hat. Die restlichen Texte haben mit dem Märchen des Froschkönigs der Gebrüder Grimm allerdings nichts zu tun. Der Autor bittet dies zu entschuldigen.

Autor

Bernhard J. P. Zimmer, geboren am 16. Mai 1968 in Erlangen, wohnhaft seit seiner Geburt im Erlanger Vorort Tennenlohe, zunächst noch freie Landkreis-gemeinde, seit 1972 jedoch zur Stadt eingemeindet und damit unselbstständig, was den Drei- bis Vierjährigen im Innersten schmerzte, schreibt seit der 11. Klasse Prosatexte und schon ein wenig länger Lyrik, zunächst vor allem zu Hochzeiten und Geburtstagen, also Widmungsgedichte. Anfangs schrieb er auch einzelne ungereimte Gedichte, doch mit der Zeit entstanden fast ausschließlich gereimte, die vorwiegend der humo-ristischen Tradition eines Wilhelm Busch, Kurt Tucholsky, Heinz Erhardt oder Joachim Ringelnatz nacheiferten. Die Prosatexte sind ebenfalls häufig unernst gemeint. Aber auch philosophische Gedichte und Prosatexte sind vorhanden.

Der Froschprinz

Noch mehr Sense- und Nonsense-Gedichte
und -Prosa aus eigenem Anbau

Bernhard J. P. Zimmer

BoD

Bibliografische Information der Deutschen
Nationalbibliothek: Die Deutsche Nationalbibliothek
verzeichnet diese Publikation in der Deutschen
Nationalbibliografie; detaillierte bibliografische Daten
sind im Internet über www.dnb.de abrufbar.

Ursprüngliche Originalausgabe: November 2018
2. korrigierte, fehlerreduzierte Auflage: September 2019
Copyright © 2019 Bernhard J. P. Zimmer, Erlangen
Titelbild und S/W-Illustration „BeZi mit taz"
vom Autor
Herstellung und Verlag:
BoD – Books on Demand, Norderstedt
www.bod.de
Made in Germany

ISBN: 9-783752-831412

Es lebten die Klabauter
mal leiser und mal lauter
und lebt ein Lauter leiser,
so ist er sicher heiser
und lebt ein Leiser laut,
wenn er auf Büchsen haut.

Pumuckl
(zitiert nach „Pumuckl und die
Blechbüchsen" von Ellis Kaut †)

Gereimtes

Sinn- und Unsinngedichte

Der Froschprinz

Einst ist ein Prinz ein Frosch gewesen,
der ward verzaubert von 'ner bösen
Hexe oder Hexenmeister;
der Zauber hing an ihm wie Kleister.

Nur eine Königstochter konnte
ihn noch erlösen,
doch die sonnte
sich mit 'ner goldnen Kugel spielend,
am Rande eines Brunnen kühlend
und die Gefahr nicht einmal fühlend.

Da fiel das edle Spielzeug, platschend,
hinein in's Brunnenwasser klatschend.
Die Königstochter, tief erschrocken,
sah man am Brunnenrande hocken
und Tränen netzten ihre Wangen.

Da kam der Frosch des Wegs gegangen,
vielmehr, er hüpfte aus dem Wasser:
ein grüner Prinz, dazu ein nasser.
Doch, dass er Prinz war, sah man nicht,
so war auch seine Frage schlicht:
„Was grämt dich, Fräulein Tausendschön,
weshalb muss ich da Tränen sehn?"
„Ach je", sprach die Prinzessin da,
„mir geht halt der Verlust so nah,
von meiner goldnen Spielzeugkugel,
die grad versank im Wasserstrudel,

9

die niemand mehr mir bringen kann,
weil keiner so tief schwimmen kann!"

„Das wäre doch", sprach Frosch, der König,
„noch zu beweisen, doch, ein wenig.
Wie wäre es, wenn ich sie höbe,
vom Grund des Brunnens und sie schöbe
hier über diese Brunnenwand?
Gäbst du dafür mir deine Hand,
als angetraute Ehefrau?"
So frug der Prinz ganz bauernschlau.

Die Königstochter dachte nach.
Dann aber sagte sie sich „Ach,
hab' ich die Kugel erst zurück,
werd' ich bestimmt, mit etwas Glück,
den grausig grünen Frosch noch los;
er ist so klein und ich bin groß.

Ich bin viel schneller auf dem Schloss,
als er kann hüpfen, also los;
ich gebe ihm mein Ehrenwort,
doch eh' ich's einlös', bin ich fort."
So sagte sie denn: „Alles klar,
holst du mein Gold, sind wir ein Paar."

Flugs sprang, in freudiger Erregung,
der Frosch, mit sportlicher Bewegung,
in's kalte Brunnenrohr hinab
und suchte dann den Boden ab.

Als er im Dunkeln
sah das Funkeln
des goldnen Balles,
da freute er sich über Alles.
Denn dieses Spielzeug schien die Rettung
aus jahrelanger Fluchverkettung.

Mit aller Kraft
und großer Mühe
war es geschafft
und aus der Brühe
des Brunnens tauchte
der Frosch herauf und hauchte:
„Hier hast du das, was du verloren;
nimm mich nun mit, du, die ich auserkoren."

Das Fräulein, aber, dachte nicht daran;
sie nahm die Kugel, sah den Frosch kaum an
und rief nur „Danke dir,
du grünes, nasses Tier.
Doch deine Frau, du kleiner Wicht,
die werd' ich nicht."
Sodann entsprang sie von dem Ort
und war in Augenblicken fort.

Beim Abendessen auf dem Schloss,
hört man ein Klopfen am Portal
und das Erstaunen war sehr groß,
als da ein Frosch sprang in den Saal.

Als nun der Frosch den Fall erklärte,
da sprach der König: „Die bewährte
Lebensregel lautet schon seit Altem:
‚Was du versprochen, musst du halten!' "

So ward der Frosch zu Tisch gebeten,
was der Prinzessin sehr missfiel,
und nach dem Essen, sehr betreten,
wurde sie vom Frosch gebeten,
weil ihr Schlafgemach sein Ziel,
mit in ihr Bettchen ihn zu nehmen
und zu ihm hin sich zu bequemen.
Und dann auch noch, zum guten Schluss,
erbat von ihr er einen Kuss.

„Alles tu' ich, dieses nicht,
fort mit dir, du garst'ger Wicht."
Und mit diesem bösen Wort
warf sie weit ihn von sich fort.

Der arme Frosch flog an die Wand
und fiel zu Boden, doch da stand
kein Frosch mehr, nein!
In grünem Loden
ein fescher Prinz
(ein wenig aus der Moden).

„Wer bist denn du?",
rief die Prinzessin da.
„Prinz Klaus, und du?"
„Prinzessin Clara. Komm doch nah!

Wo ist der Frosch denn hin verschwunden
und woher kommst denn du daher?"
„Ich selber war als Frosch, verwunschen;
mir schmerzt noch meine Schulter sehr.

Nur eine Königstochter konnte mich erlösen,
doch lieber wäre mir ‘n Kuss gewesen,
als dieser Wurf zur Zimmerwand,
der war nicht wirklich sehr galant."

„Verzeih", sprach Clara da, verlegen;
dann musste sie kurz überlegen.
„Das heißt doch aber, du und ich
sind nun verlobt - irre ich mich?"
„Ja, wir sind's!" sprach da der Prinz.
„Denn nur eine Prinzessin konnte mich befrei‘n,
die willigt in die Hochzeit ein."

„Ach, hätte ich das gleich geahnt,
hätt‘ dich genommen, ungemahnt.
Gedankt sei meines Vaters Wort,
das mir gebot, das Ehrenwort,
das ich dir gab, zu halten.
Es leben hoch, die Alten!"

So mag es wohl gewesen sein.
Doch fällt mir dabei etwas ein -
und das ist zweierlei, zunächst:
Der Froschprinz war zuerst kein König
und dann noch ein Detail, klein wenig -

Um einen Froschprinz zu erretten,
braucht's keinen Kuss:
Es reicht, ihn an die Wand zu schmettern.

(21./26.02.2016)

Abendliche Laune

Wenn, in abendlicher Laune,
ich über mein Schicksal staune
und mich über Alles wundre,
kommt von fern mir eine Kunde:

„Du sollst friedlich sein und sacht,
nicht nur Tags, auch in der Nacht;
sollst nicht töten oder brennen,
keinen außer mir Gott nennen.
Sollst die Ehe niemals brechen
und nicht tagelang nur zechen.
Kurz sei brav und lieb und nett
und geh' zeitig in dein Bett."

Solches sprach die Stimm' zu mir
und ich bring's nun zu Papier.
Zehn Gebote warn's nicht ganz
und es fehlt auch die Brillanz.
Dennoch war ich tief berührt;
irgendwie auch resigniert,
da ich meine Schuld einsah;
kurz, es ging mir halt recht nah.

Doch ich dachte mir, Moment;
was man so Gebote nennt
ist nicht immer gleich Dasselbe,
nicht vom Ei das richtig Gelbe.
Und so schloss ich für mich feige,
wenn ich zu dem Einen neige,
muss das Andre nicht verkehrt sein;
beides könnte hochverehrt sein.

Und so zieh' ich meine Wege,
suche rasch noch die Belege,
die ich für's Alibi noch brauch'
... doch manchmal geht es ohne auch.   (24.9.2001)

In der Warteschlange

Wieder unerwartet lange
stand ich in der Warteschlange
und befasste mich mit Träumen,
daher konnt' ich nichts versäumen.

Denn, nur welcher unbeweglich
harrt – dem geht es nämlich kläglich,
weil er nicht Geist noch sonst sich rührt,
aber doch die Knochen spürt.   (4.11.1994)

Wochenendsauftaktsgelöbnis

Ich bedenke meine Lage
und erlaube mir die Klage,
dass ich ohne Zweifel nun
vieles werde müssen tun.

Was die Woche hat gelegen,
kellertief und auch im Speicher,
macht mich regelrecht verlegen,
obendrein auch bleicher.

Da, (so spricht's aus mir mit Größe)
geb' ich mir nun nicht die Blöße,
sondern schufte, als wie blöde,
(und wäre es auch noch so öde).

Wenn ich mich solcherart bezwungen,
(und werd' ich auch nicht vorher schwach),
werd' ich als Held noch gar besungen
und halt mich mit Espresso wach.

Die Meditatiefe

Wenn ich mich in mir versenke,
Gehör den innern Ohren schenke
und das Dritte Auge wacht -
Schwupps, ist schon ein Wunsch entfacht.

Wünschen, aber, ist bekanntlich

innrer Sammlung unverwandtlich,
vielmehr neigt's dazu zu stören,
zwingt die Demut, aufzuhören.

Und, nun wend' ich all' mein Streben
dran, das Wünschen aufzuheben,
um zu neuem Sichbesinnen,
Fried' und Gleichmut zu gewinnen.

Streben, aber, stört erst recht!
Fazit: heute klappt es nicht.

Herzschmerz

Während ich an meinem Herzen
Würgemale spüre schmerzen,
hat ein andrer, hart und laut,
wieder heftig drauf gehaut.

Nun fass' ich mein Herz mit Händen,
um sein Leiden zu beenden,
nehme ich ein Tuch von Seide
und verberg' das Eingeweide
fachgerecht und liebevoll
im geheimsten Südatoll.

Dort, so mein' ich, müsst' es doch
sicher sein, ein Weilchen noch.

Weit gefehlt, denn schon nach Stunden,

17

ham Piraten es gefunden,
malträtiert und arg zerschunden.
Weinend steh' ich vor den Resten
von dem armen Pumporgan;
war's auch keines von den besten,
hat's doch seine Pflicht getan.   (17.11.1995)

In den Hohen Tauern

Wenn wir in den Hohen Tauern
mal auf einen Frohen lauern,
dem wir dann mit tristen Reimen
tief in seine Seele schleimen,
haben wir just das gemacht,
wozu „Modern Art" erdacht.

Sie soll nicht so sehr erfreuen,
sondern alle Freud' zerstreuen
und aus einem frohen Schmunzeln
zaubert man so Sorgenrunzeln.

Hohe Kunst, in unsrer Zeit,
bringt es halt nur dann noch weit,
wenn sie auf die Nerven geht
und man möglichst nichts versteht.

Ist ein Vers auch grottenschlecht
und peinigt wie ein Folterknecht,
die Kritiker ihn doch belohnen
und man verdient damit Millionen!   17.12.2000 (2:35)

Würze in der Kürze

Das kürzeste Gedicht
hat manchmal mehr Gewicht
als manche lange Ode,
die eh' schon aus der Mode
und nicht mehr „up to date" ist.

Ein langes Reimgeflecht
ist oft mehr schlecht als recht
und irritiert den Leser eher,
besieht er sich das Machwerk näher.

Drum hör' ich besser auf
und zügle meinen Lauf.
Gäb' ich Freund Pegasus die Sporen,
ich hätte schon verloren.
Der Reimfluss würde nicht mehr enden,
ich würde Wort um Wort verschwenden
und was käm' dabei raus?
Mal's lieber mir nicht aus...   18.5.2001 (3:14)

Wär' ich ein Stein

Ich wollt', ich wär' ein Stein,
dann wär' ich nie allein.
Ich würde, hart und rundgewetzt,
in einen Gartengrund gesetzt
zum Schmuck von Teich und Pflanzen
und Mücken würden tanzen

19

im Luftraum über mir,
doch wär' das nicht mein Bier.

Denn was juckt einen Stein die Nähe
von Stechmücken? Wie ich das sehe,
wär' ich als Stein zufrieden
mit meinem Los hienieden.

Als Mensch, dagegen, hat man's schwer,
mal juckt es dort, mal da noch mehr,
nicht immer kann man kratzen,
sich lecken, wie die Katzen
und reinlich pflegen seinen Pelz.
Man hat es schwer, auf dieser Welt!   18.5.2001 (3:56)

In freien Stunden

In meinen freien Stunden
hab' ich den Weg gefunden
zu Ruhe, Muße, Gleichmaß –
es ist vielleicht auch gleich, was.
Ich hab' für mich beschlossen,
zu leben, wie ich mag;
mein Herzblut nicht vergossen
und liebe jeden Tag.

Ich bin ein Träumer, das ist wahr
und bin ein bisschen sonderbar.
Doch sonst ist alles gut.
Ich sage mir: „Hab' Mut!"   28.9.2001 (19:55)

Gescheiterte Versuche

Muss nicht mancher Versuch scheitern,
wenn wir uns auch sonst erheitern?
Muss nicht manches neu beginnen,
wenn wir uns darauf besinnen?
Müsst' nicht alles anders sein,
wären wir nicht so allein?

Müsste, könnte, sollte nicht
alles besser sein bei Licht
betrachtet, frag' ich mich
und zuletzt frag' ich auch Dich!   30.9.2001 (17:11)

Schlauer geworden

Sind wir nicht nach all' dem schlauer
oder sagen wir genauer:
klüger, weiser, abgeklärter –
denn es traf uns diesmal härter,
als wir je erwartet hatten;
es stellte alles in den Schatten.
Ja, wir sind gebrannte Kinder,
andre sind es auch nicht minder;
doch sie ließen sich's nicht merken,
schritten fort zu neuen Werken.
Dies soll uns eine Lehre sein,
eine volle Flasche Wein
wollen wir drauf leeren
und den Altglasvorrat mehren.   30.9.2001 (ca. 19:00)

Ein langer Schlauch

Das Leben ist ein langer Schlauch,
pass' nur mal auf, dann merkst du's auch.
Wie Gummi zieht sich's in die Länge
und treibt dich oftmals in die Enge.

Es ist manchmal erstaunlich träge,
steigt an auf einer langen Schräge.
Was kannst du tun, um dies zu ändern
in diesem und in andern Ländern?

Du musst dir einen Sinn erfinden,
der dir ermöglicht, es zu lindern,
denn nur mit Sinn kannst du's ertragen
in allen wirren Lebenslagen.
Mit Sinn allein wird Leben schön
und kann erfreulich weitergehn.
Bis an dein - hoff' ich - spätes Ende
und bringt es dir auch manche Wende,
dein Leben ist nicht ganz umsonst,
wenn du fest in dir selber wohnst.   3.11.2001 (17:50)

Warten auf Dich

Lange wart' ich schon auf Dich
und, ich hoffe, Du auf mich!
Wann werd' ich Dich endlich sehn?
Werden wir uns gleich verstehn?
Wird aus uns ein treues Paar,

22

wird die Ehe wunderbar?

Wie ich's auch dreh', ich merke nur,
von Dir gibt es noch keine Spur!
Fern in Zukunft liegt die Zeit,
wenn es endlich ist soweit.

Doch ich hoffe, es wird sein
ehe ich versterb' allein.
Ehe ich von dannen gehe,
möcht' ich Dich in meiner Nähe.   3.11.2001 (19:50)

Schlichte Lyrik

Was ich tun soll, weiß ich nicht,
meine Lyrik bleibt heut' schlicht.
Doch ich gebe noch nicht auf,
weiter geht mein Lebenslauf.

Ich mach' jetzt mir keine Sorgen,
fürchte mich auch nicht vor morgen.
Der Tag mag bringen, was er will,
draußen wird es langsam still.

Die Straßen sind wie leergefegt
und der Wind hat sich gelegt.
Meine Arbeit mag jetzt ruhn,
morgen hab' ich noch zu tun.

Doch für heute mach ich Schluss
und hör' auf, mit schönem Gruß.   12.11.2001 (17:25)

Manche Dinge

Manche Dinge, die wir wagen
liegen uns dann schwer im Magen,
wenn sie uns daneben gingen,
denn nicht alles kann gelingen.

Manche Sache, die wir tun,
lässt uns länger nicht mehr ruhn.
Stellt sich auf, ganz breit und groß,
lässt so schnell uns nicht mehr los.

Doch so Manches, was wir leisten,
lässt uns froh und frech erdreisten,
dass wir doch zu was im Stande
sind in diesem schönen Lande.

Und so wollen wir verfahren,
Fehler machen uns erfahren
und was richtig wir getan
macht uns mutig, denn seht an:

Wir können doch so Manches schaffen,
kurz bevor wir dann erschlaffen.
Alles ist doch möglich heute,
wir sind nicht des Schicksals Beute,

denn wir können selbst was tun,
ehe wir rechtschaffen ruhn.   16.11.2001 (0:00)

Ich sage leise „Servus"

Ich werde sterben, wie ich kam,
ohne Aufsehn, müd und lahm.
Ich werde den Planeten verlassen,
auf dem die Meisten sich nur hassen
und gebe keinen Grund zur Wut.

Ich nehme einfach meinen Hut
und grüß' und schwank' und falle,
indem ich „Servus" lalle.   13.4.2003 (0:58)

Mit der Möhre, bei der Föhre

Ich steh' bei der Föhre,
in der Hand eine Möhre
und schwöre der Göre,
dass ich Sie nicht störe,
falls sie mich nicht erhöre,
wiewohl sie mich betöre
und mein Herz wohl erfröre,
wenn ich sie verlöre.

So sagte ich zu der Göre.
Doch noch während ich schwöre
und singe und röhre,

verlässt sie die Föhre
mitsamt meiner Möhre,
sodass ich mich empöre,
Deserteure verhöre
und Friseure verstöre.   12.09.2004 (ca.14:00 – 14:45)

Meine Schuld

Wenn mein Leben mir bislang
oftmals nur misslang,
ist das wohl erstens meine Schuld,
denn meistens fehlte die Geduld,
die man doch braucht, um was zu schaffen
und statt Erfolg kam das Erschlaffen.

Doch zweitens trägt wohl Schuld an meinen
                             Niederlagen
die Tücke des Objekts, die mir schlug auf den
                             Magen.
Und drittens war'n die Umständ' mir nicht hold,
man weiß, nicht alles glänzt, was Gold,
oder so ähnlich.
Das ist so ganz gewöhnlich.
Doch viertens mag's mein Karma sein,
es brachte Rückschläge mir ein,
die mich ermahnen sollten,
auch zu bedenken, was die andern wollten,
mit denen karmisch ich verbunden bin
und so ward mancher Misserfolg Gewinn.

Wir soll'n in diesem Lebenskampf auf Erden
langfristig etwas weiser werden.
Wir soll'n nicht immer besser sein woll'n als die
andern,
vielmehr mit ihnen Hand in Hand in Freundschaft
wandern.
So vergeht nach und nach auch mir das Leben,
das mir, wie allen andern, einstmals ward gegeben.

Und ist das Ende einmal dann herangerückt,
dann kann ich froh sein, wenn ich noch beglückt
zurück kann blicken still auf mein gelebtes Leben.
Und wenn ich dann noch etwas ändern will,
dann wird das sein in einem später'n Leben, eben.

8.9.2003 (2:18)

Alptraummonster

Wo in dunklen Herzregionen
fiese Alptraummonster wohnen,
wo mit Beginn der Geisterstunde
Nachtgesichter drehn die Runde,
wo Skelette schaurig klappern,
Nachtgespenster traulich plappern,
wo schon Fuchs und Hase ruhn,
gibt's auch für mich nichts mehr zu tun.

Daher nehm' ich meine Jacke,
Stockschirm, Rucksack, Baskenkappe
und entfern' mich ohne Hast -

- der letzte Bus ist eh' verpasst -
und entschwinde aus der Zone
blutbegieriger Dämone
hinfort in schönere Gefilde
bunt-lust'ger Traum- und Schaumgebilde.
Dort verbringe ich die Nacht,
bis wieder Gottes Sonne lacht.

Ist dann der Tag hereingebrochen,
hab'n alle Teufel sich verkrochen,
sieht man auch keine Trolle mehr,
dann wälz' ich mich noch wie ein Bär,
der grad' den Winterschlaf beendet,
dieweil die Sonn' ihm Wärme spendet.

Es fällt mir schwer, jetzt aufzustehn,
doch will man mich beim Frühstück sehn
und sieht schon tadelnd nach der Uhr;
aus Augenwinkeln Traumesspur
wisch' ich mir fort, mit matter Geste,
dann packt der Tag mich und zwar feste!
(Durchhalten ist jetzt wohl das Beste.)

12.12.2002 (2:16)

Jahrelang gemieden

Jahrelang wurd' ich gemieden
von den Frauen, die geschieden,
ledig oder schüchtern war'n,
vor allem, wenn sie nüchtern war'n.

Und es plagte mich die Frage:
Was ist bloß an meiner Lage
schuld und wie ich's ändern könne,
dass auch mir man „Eine" gönne.

Sollte ich alleine bleiben
oder Inserate schreiben,
um nicht mehr als Einzelwesen,
wie ein ungebrauchter Besen
in der Ecke stillzustehen,
um den Paaren zuzusehen,
die beim Tanzen sich umgarnen,
während mich die Parzen warnen,
dass mir rasch die Zeit verrinnt,
des Endes Anfang schon beginnt.

Und so traf ich die Entscheidung,
mit der Kraft der Tatvermeidung:
„Bin ich nun mal schon allein,
will ich zumindest ,**Single**' sein."   3.2.2003 (1:44)

Ich bin ein Dichter

Ich bin ein Dichter, sicherlich.
„Benenn' es schlichter", kicher ich.
Ich bin ein Schreiber, könnt' man sagen;
ich hoff', es komm'n jetzt keine Klagen.
Ich bin ein Denker, ohne Scheu,
bedenk', bedichte alles neu;

was andre vor mir haben schon beackert,
wo sie gekräht, da hab' auch ich gegackert.

1.3.2003 (2:35)

Vom Himmel das Blaue

Ich hol' mir vom Himmel das Blaue
aus dem ich mir dann etwas baue,
das reizt zu genauer Betrachtung
und das verleiht dem Blauen Beachtung.

Die hat es zwar auch schon am Himmel,
doch dort deckt das Wolkengewimmel
das Blaue zum großen Teil ab,
drum hol' ich das Blaue herab.

Das bisschen Blau in meinem Raum
vermisst man ja dort oben kaum,
doch bringt's ein Stück Himmel ins Zimmer
und Frische von himmlischem Schimmer.

Wenn ich auf das Blaue vertraue,
dann auch, weil ich gern hinauf schaue
und auch, weil ich wohl darauf baue,
dass, wenn ich selbst mal im Himmel bin,
ich ein Teil von dem Blau in der Bläue bin.

17.3.2003 (2:37)

Sonnenuntergang am Tennenloher Weiher

Die Sonne senkt zum Abend sich,
am Tennenloher Teich sitz ich,
trink Wasser aus der Aluflasche,
wenn ich nicht Salbeibonbons nasche.

Ein neues Frühjahr bricht herein
in Bagdad ziehn die Amis ein,
in Basra sind's die Briten,
es ist noch lang nicht Frieden.

Was kümmert uns der Krieg im Osten?
Nun ja, er wird der Welt was kosten.
Doch Menschenblut, das dort vergossen,
belässt uns hier ganz unverdrossen.

Man kann's ja doch so leicht verdrängen,
was muss sich uns das Herz verengen,
ob all' dem Leid, so weit da hinten?
Doch helfen uns nicht Tricks, noch Finten.
Wir sind so oder so betroffen,
ist auch der Kriegsausgang noch offen,
ob Sieg der Allianz, ob Pleite
sucht Saddams Clan auch wohl das Weite,
der freiheitliche Neuanfang wird teuer,
das Leid wird weiter steigen ungeheuer.
Man wird auf unsre Hilfe hoffen,
soviel ist klar, bleibt auch die Zukunft offen.

Wird dieser Krieg jedoch der Letzte sein,

lässt Bush vielleicht sich noch auf Weit're ein?
Will er uns von seiner Achse des Bösen
mit Waffen und mit Gewalt erlösen?
Das könnt' dann ja „heiter" noch weiter gehen,
wir folgen bedenklich dem weitren Geschehen.
Denn anderes bleibt uns wohl auch nicht übrig,
das ist so klar, wie auch betrüblich.

12.4.2003 (19:14)

In Demut üben

Wenn ich mich in Demut übe,
mich ob meiner Schuld betrübe,
denk' ich manchmal noch an Dich,
deren Bild mir schon entwich.

Schemenhaft ist das Erinnern,
dumpf der Schmerz in meinem Innern.
Meine Seele ist beschnitten,
ist die Zeit auch fortgeschritten.
Doch aus Weh wird mit der Zeit
das Gefühl „Gleichgültigkeit".   29.9.2003 (1:17)

Tief in meiner Seele

Manchmal, tief in meiner Seele,
wenn ich mich wieder tüchtig quäle,
spür' ich einen scharfen Stich
und ich denk' wieder an Dich.

Dann mal' ich Pärchen mit großen Augen,
die zum Trost nicht wirklich taugen.
Nasenmann und Nasenmädchen,
lächelnd Hand in Hand sind in der Tat
nicht viel mehr als ein Zitat.
Stehn für eine kurze Spanne Zeit,
weit hinter mir - Vergangenheit.   7.10.2003 (14:28)

Keine reine Freude

Ich dachte mir so manches Mal,
das Leben ist doch eine Qual.
Denn, jedenfalls, so eine reine
Freude ist es eben keine.

Es gibt in dieser Erdenschlucht
kein Hintertürchen für die Flucht.
Denn selbst der selbstgewählte Tod
beendet nicht des Lebens Not.
Im Jenseits, mit Gewissensbissen,
würde man sich dann plagen müssen.
Dann ist's doch besser, abzuwarten,
bis in den Paradiesesgarten
man von allein wird eingelassen.

Dort mag das Erdenleid verblassen.
Hat sich Dein Lebenskreis geschlossen,
dann bleibst Du, hoff' ich, unverdrossen
als Seliger in Seligkeit,
von Ewigkeit zu Ewigkeit.   13.11.2003 (2:19)

Sitzend am Tennenloher Weiher

Ich sitz', wie oftmals, still am Tennenloher Weiher,
ich sitz' da, weil ich will, zur Feierabendfeier.
Ein leiser, lauer Wind umschmeichelt nackte Beine
und weil sie nackend sind, hab' ich Probleme,
                                        keine.
Und hab' ich welche doch,
so sind sie grad vergessen.
Denn ich bedenke noch:
Muss mich mit niemand messen.

Ich sauge ein die Luft,
die ich zum Leben brauche.
Stets kleiner wird die Kluft,
bis ich ins Jenseits tauche.
Bis dahin will ich noch
so mancherlei erreichen.
Wenn ich auf Holz drum poch',
so wird's nicht gleich erweichen.   10.7.2006 (17:53)

Weiterlachen

Man müsste heiter weiterlachen,
wenn andre einem Ärger machen.
Man sollte fröhlich weiterlieben,
wenn andre Dich ins Abseits schieben.
Man könnte Alles schöner finden,
wenn andre nur die Zeit totschinden.
Man dürft' nichts unversucht belassen,

man würde ruhiger und gelassen.   23.7.2006 (10:36)

Dem Leitstern folgen

Wenn einer nicht mehr weiter weiß
und wird ihm kalt mal und mal heiß,
und hat kein Ziel mehr er vor Augen,
was kann ein guter Rat da taugen?

Ein solcher Mensch lernt nur vertrauen
und auf die eigne Zukunft bauen,
wenn er im Kleinen hat Erfolge,
auf dass er seinem Leitstern folge.   23.7.2006 (10:45)

Gedankenflug

Meine plaudernden Gedanken
fliegen über alle Schranken,
kennen weder Berg noch Tal,
überfüllen jeden Saal.

Ja, sie tragen mich von dannen
über Wälder voller Tannen,
über Wüsten, über's Meer
jedenfalls so ungefähr.   13.8.2006 (18:28)

Warum denn nur?

Warum haben kurze Ohren
nichts am Hasenkopf verloren?
Warum sind an dunklen Tagen
Sonnenbrillen nicht zu tragen?
Warum hängen Marionetten
nur an Fäden, nicht an Ketten?
Warum suchen Salamander
keine Wohnung miteinander?
Warum haben Stachelschweine
keine 50-Euro-Scheine?
Warum leben Motten länger
ohne Fliegenfang-Aufhänger?
Warum robben Robben täglich,
doch Laufen ist für sie unmöglich?

Wer sich all' diese Fragen stellt,
weiß nicht sehr viel von dieser Welt!   29./30.6.2017

Was bringt der Morgen?

Was mag der Morgen bringen,
der strahlendschöne Tag?
Was werd' ich heut' beginnen,
was wird gelingen, sag?

Du weißt's nicht, keiner kann das wissen;
wir werden echtes Zukunftswissen
wohl auf die Dauer missen müssen.

Doch ist's genug, die Gegenwart zu kosten.
Der Tag kommt sonnig aus dem Osten,
streicht über uns, versinkt im Westen,
selbst wenn wir abergläubisch Horoskope noch
auf ihren Nutzwert testen,
so ändert sich doch nichts daran,
dass, wie gesagt, man nichts vorhersehn kann.

23.8.2008 (16:14)

Ratte mit Kopfweh

Als die Ratte
Kopfweh hatte,
sprach die Kuh:
„Nur die Ruh'!"
und der Hund:
„Werd' gesund!"

Doch was tat die Ratte?
Sie warf sich auf die Matte
und ruhte sieben Tage lang.
Den andern wurde angst und bang.

Doch schließlich war sie ganz genesen;
das wär' das End' vom Lied gewesen.

7.2.2009 (18:52)

Sonne, Mond und Regen

Sonne, die Du auf uns scheinst,
Regen, der Du sauer weinst,
Mond, der manche Nacht erhellt,
Sterne, die ihm beigesellt,
Wolken, die Ihr Schatten spendet,
Winde, die Ihr Wolken sendet,
Nebel, die Ihr schaudern lasst,
Trambahn, die ich grad verpasst:
Ihr seid höhere Gewalten,
nicht zu steuern, nicht zu halten.
Und weil mir nicht die Macht gegeben,
Euch einzuplanen in mein Leben,
ziehe ich den Schluss daraus:
„Heute bleibe ich zu Haus!"   16.3.2009 (17:21)

Was soll ich hier?

Wenn ich nur wüsste, was ich soll,
auf dieser Welt? Das wär' schon toll!
Hätt' ich nur einen Grund zum sein,
ich fänd' mich in mein Schicksal drein.

Ich würd' mein Leben sinnvoll planen
und lenkte es in sich're Bahnen.
Ich wär' der Glücklichste der Heitern,
würd' meinen Wirkungskreis erweitern.

Aus meinen Worten folgten Taten,

ich würde and're gut beraten,
man meißelte mich wohl in Stein,
um vielen Vorbild noch zu sein.

In Talkshows wär' ich gern gesehen,
in meinen Vortrag würd' man gehen.
Im Ausland, selbst, spräch' man von mir,
in Bayern hieße nach mir Bier.

Ich käm' ins „Who is Who" hinein,
im Brockhaus würd' ich Stammgast sein.
Und selbst, wenn 100 Jahr' verrasen,
benennt man Schul'n nach mir und Straßen.

Doch allsowas wird niemals sein,
denn leider fällt mir ja nicht ein,
was denn mein Sinn und Zweck im Leben,
so bleibt vergeben, all' mein Streben.
Ich werde, wenn mein Ende nah ist
nur einer werden, der nicht mehr da ist.

                                    24.3./27.3./ 9.9.2009

Ein Brief für den Hund

Es hockt der Hund im Hundehaus
und sieht etwas bekümmert aus:
„Was", fragt er sich, zu Recht beklommen,
„hab' ich da mit der Post bekommen?"

Ist's eine Rechnung, eine Mahnung,

Liebeserklärung, Eh'anbahnung,
'ne Kündigung, ein Richterspruch,
ist's Werbung oder Kaufgesuch?

Ein lieber Gruß von Mutter
'ne neue These von Luther,
eine Vorladung der Polizei?
Wenn er nur wüsste, was es sei!

Er rätselt nun schon seit drei Stunden
und hat die Lösung nicht gefunden.
Wir woll'n ihm zu erkennen gönnen,
dass Hunde halt nicht lesen können!

2.4.2009 (23:55)

Die Mücken am Weiher

Wenn die Mücken auf dem Weiher
legen ihre Mückeneier
und die Fischlein mit Genuss
fressen diesen Ostergruß.

Wenn die Amsel in der Frühe
nimmt ihr Bad in dieser Brühe.
Wenn an den Bäumen Blattgrün keimt,
an Ufersäumen Dünger schäumt,
dann ist's meistens Frühlingszeit,
und der nächste Winter weit.

Wenn die Schwalben Mücken schnappen

und die Katzen Amseln packen,
wenn die Raupen Baumlaub fressen
neuer Dünger wird bemessen,
dreht das Rad der Zeit sich weiter
und Dir wird's im Herzen heiter.

24.4.2009 (19:00)

Alles hat ein Ende

Alles hat ein Ende – zwar –
doch dann ist ein Anfang nah,
welcher Neues bringt herbei
doch das nur ganz nebenbei.

Alles wird zu Ende gehn
doch man wird am Ende sehn,
dass kein End' endgültig ist,
weil die Zeit unendlich ist.

Also sozusagen ewig,
und das ist doch gar nicht wenig.
Ewigkeit ist ganz schön lange,
doch mir wird dabei nicht bange.

Denn die längste Dauer hat,
niemals zu vergehen satt.
Denn das Dauern jeder Dauer
macht das Dauern immer schlauer.

Oder sozusagen weiser.
Hierbei werd' ich etwas leiser
und erkläre feierlich,
manches bleibt mir schleierlich.

Oder sagen wir: kaum denkbar.
Dieses Leben ist kaum lenkbar.
Ja, man könnte auch erklären.
Leben wird wohl ewig währen,

selbst wenn Dich der Tod ereilt
geht es weiter unverweilt
und in unbekannten Zonen
wirst Du dann vertraulich wohnen.

Vielen Menschen scheint dies zwar
weder glaubwürdig noch wahr,
doch vielleicht wartet nach ihrem Ende
auf sie 'ne überraschungsreiche Wende.

Hab ich unrecht? Sei's darum!
Nun, Sie fragen mich, warum?

Wenn es gar kein Jenseits gäbe,
man also nur einmal lebe,
wird der Atheist nicht feiern können,
(und man würd's ihm doch wohl gönnen?!)
da er ja nicht mehr existierte,
ganz egal, was er studierte.

Wenn aber doch was kommt danach,
dann läg' ja andersrum die Sach',
dann hätte die Wette der Gläubige gewonnen
und das Ewige Leben für jeden begonnen...

(12.8.2017, 23:35),16.8.2017 (15:30)

Gejagt von Terminen

Wenn mich meine Termine jagen,
mich gestrige Sorgen
erwecken am Morgen,
wenn an manchen Tagen
mir schlägt auf den Magen,
was ich nicht vertragen
kann und nicht vertagen
und auch nicht verborgen,
denn, wer borgt schon Sorgen?

Wenn ich also dasteh',
wie Ochse vorm Stalltor,
wie Jungfrau vorm Kinde,
wie Vishnu vorm Rinde,
dann denke ich weiter,
es wär' wohl gescheiter,
mal gründlich zu planen,
in Ordnung zu bahnen,
das, was auszumisten
in Truhen und Kisten,
in Regalen und Spinten
um wiederzufinden,

was längst wo vergraben
gelegen im Graben
der Zeitsedimente,
im Staub der Jahrzehnte.

Wenn ich dann wieder auftauch',
mit erleichtertem Aushauch,
erkenne ich erst wieder
mich selbst und die Lieder
von Frühling und Freude,
auf dass ich nicht vergeude,
den Urquell des Lebens,
dass er nicht vergebens
mich durchströme und leite
und ich ihn bereite
zu süffigem Trank;
wenn das klappt;
Gott sei Dank!   10.6.2009 (19:51)

Der Dichterwicht

Als einer unter vielen Wichten,
fühl ich mich bestimmt zum Dichten.
Greif' zu Feder und Papier
und schreib' Reime voller Zier,
Anstand, Wohlgeschmack und Reinheit,
Verse, ausersehn an Feinheit.

Schreib' Gedichte, Lieder, Prosa,
'nen Roman, vielleicht ein großer.

So erschaff' ich wohl noch geflügelte Worte,
eins nach dem andern, jedoch aus der Retorte.

21.1.2001 (4:20)

Dass ich noch lebe…

Manchmal kommt mir in den Sinn,
dass ich noch am Leben bin.
Darauf folgt dann der Gedanke:
„Lieber Gott, ich sage: ‚Danke'!"

Wär' es andrerseits nicht fein,
nicht am Leben mehr zu sein?
Denn viele Sorgen bringt das Leben,
Schmerz und Trauer noch daneben.

Manches lässt sich nicht vermeiden,
doch man wird ja auch bescheiden
und erkennt das kleine Glück.
Das bringt Hoffnung dir zurück,

dass nicht alles Prüfung ist,
was passiert – und du vergisst
deine Todessehnsucht bald;
mach' dir kein Ende mit Gewalt!

Halte aus und gehe heiter
deine eignen Wege weiter
und du wirst am Schluss erkennen:
Das Leben ist kein Wettlaufrennen!

Jeder kommt ins Ziel als Sieger.
Nur, wer sein Leben lebt als Krieger,
der kann dabei doch verlieren
und die Orden, die ihn zieren,
sind am Ende nichts mehr wert.
Wer im Kampf lebt, lebt verkehrt!

10.12.2013 (23:18)

Wenn Beeren Bären wären

Wenn alle Beeren Bären wären,
wer würde diese dann ernähren?
So viele Lachse gibt's gar nicht,
wie käm' der Bär auf's Kampfgewicht?

Auch Beeren fielen als Nahrung flach,
die wär'n ja Bären, denkt mal nach!
Der Bär, als solcher, ist gewichtig,
die Beere, im Vergleich, fast nichtig!

Die Bären ständen traurig da,
wenn Beeren Bären wären, ja!
So denk' ich, ist es rationell,
dass Beeren Beeren bleiben, gell?

20.8.2010 (12:08)

Nicht jammern

Nicht, dass ich ernstlich jammern möchte,
doch ist es so, als ob ich dächte,
dass mein Leben gar nichts taugt,
es sei zumindest ausgelaugt.
Oder sagen wir exakter:
es wird zunehmend beknackter!

Andrerseits muss ich mir sagen:
andre sind in üblern Lagen.
Ja, sehr vielen geht es schlechter!
Dies zu sagen ist gerechter.
Doch das ändert nichts daran,
dass ich nichts erreichen kann.

Alles, was ich ausprobiere,
alles, was ich durchstudiere,
alles, was ich nehm' zur Hand,
endet anders, als geplant.

Was hier wohl die Lösung wäre
auf dem Weg zu Ruhm und Ehre?
Oder wenigstens zu etwas Geld,
dass man was gelte in der Welt?

Ein Buch hab' ich veröffentlicht,
doch kaufen tut es keiner, nicht.
Nun, auch das ist übertrieben.
Doch sind mir viele über 'blieben.

Ich muss es einfach besser machen
mit Lesungen von eignen Sachen.
Bring' ich die Hörer erst zum Lachen,
kann ich wohl auch „Geschäfte" machen
mit meinen fein gedruckten Büchern:
Dann wäre ich in trocknen Tüchern!

Indessen muss ich wohl erkennen,
man wird mich niemals Dichter nennen,
Denker auch nicht - oh nein,
sondern nur irgend so ein…
…Schreiberlein.

28.5.2016 (15:08)

Mein Hummer

Wenn ich mit meinem Hummer
in meiner Kammer schlummer,
vergess' ich Jammer, Kummer
und alle Müh' und Plag'
bis graut der neue Tag.
Jedoch am frühen Morgen
erwachen meine Sorgen.   25.8.2000

Krähe in der Nähe

Wenn ich eine schwarze Krähe
einmal aus der Nähe sehe,
drück' ein Aug' ich zu und lache;

warum? Das ist meine Sache…   25.8.2000

Alles Erdenkliche

Alles, was man denken kann,
fängt bei den Geschenken an,
die das Leben uns verteilt,
wenn es wieder einmal eilt.

Ja, das Leben ist ein schnelles,
obendrein ein rationelles
und verstreicht, wie kaum besehen -
wie es kommt, so kann's vergehen.

Ja, man wird daraus nicht schlauer
oder sagen wir, genauer:
Klug wird man wohl nie daraus;
eh' man klug ist, ist es aus!

Doch wir hoffen auf Erkenntnis
und wir geben das Bekenntnis,
dass wir nie zu hoffen enden
und damit hat es sein Bewenden.
                              16.4.2011 (14:18)

Still und versonnen

Wenn man still ist und versonnen
und der Tag hat grad begonnen,
wenn die Sonne lacht durch Wolken
und die Milch ist schon gemolken,

wenn die Vögel zwitschern heiser,
werden die Gedanken leiser,
werden auch die Taten munter
und es geht drüber, auch, und drunter.

Ja, das Leben scheint zu tanzen
und du fühlst dich wohl im Ganzen.
Das sind dann so Augenblicke,
wo der Schalk sitzt im Genicke,

wo die Sorgen sind verflogen
und du fühlst dich nicht betrogen.
Nein, du fühlst dich angenommen!
Aber, nur mal angenommen,

diese Zeit, sie währte ewig,
wäre das nicht auch eintönig?
Ja, das wär' es und so schließ' ich:
manchmal muss man sein verdrießlich.

16.10.2011 (16:02)

Aufmerksamkeit dem Innern schenken

Wenn ich mich so in mir versenke,
Aufmerksamkeit dem Innern schenke,
kann es mir sehr leicht passieren,
dass mich befallen „Einfallsviren"
daran erkranke ich dann leicht
und die Gedanken werden seicht.

Ich habe mich in mir verlaufen
und werfe alles über'n Haufen,
was mir als wichtig einst erschien
und was als richtig, das ist hin.
Ja, es zerfällt in kleine Stücke
und hinterlässt nur eine Lücke.

Diese Lücke gilt's zu füllen,
mit Gedanken zuzumüllen,
damit alles neu im Lot ist
und man länger nicht in Not ist.

So geht der Gedankengang
ohne alle Schranken lang
und man weiß am Ende kaum,
wie hoch wird der Gedankenbaum?
Tritt sich tot die Denkkaskade?
Doch das wär' nun wirklich schade.
denn Gedanken kosten wenig
und so bleibt der Denker König
seiner eignen Denkerleistung
und der eignen Schicksalsmeist'rung.

So mehr'n sich die Gedankensplitter
zu einem richtigen Gewitter.
Und wenn dann die Blitze leuchten
und die Augen sich befeuchten,
wird am Ende allen klar,
dass es niemals schöner war.

16.6.2011 (17:17), 12.7.2014 ,(15:34)

Was ist das Leben?

Was ist, so frag' ich mich, das Leben,
ein steter Kampf aus Nehmen - Geben?
Ein wirres Auf und wieder Ab,
auf aus der Wiege, ab ins Grab?
Ein stetes Nagen an der Zeiten Schnur?
Ach wüsste ich das endlich nur!

Das Leben scheint so lang zu sein
und ist, verglichen, doch so kurz.
14 Milliarden Jahre ist das All wohl alt
und wir, als Menschen, schaffen grade 100
mit Gewalt
- und das bleibt selten -
von unsrer Welt trennen uns Welten!

Wir sind nur Glühwürmchen
im Sternenschein des Alls
und kriegen dennoch niemals voll den Hals.
Wir sind der Schöpfung eitelste Geschöpfe
und haben doch nur Flausenköpfe.

Wir quälen Mensch, Tier, Pflanze und Natur;
wir beuten aus und wir zerstören nur.
So ist das leider und so ist's schon lange,
mir wird bei diesen hinskizzierten Zeilen bange.

Was wird aus uns, was aus der Welt?
Kann man verhindern, dass sie ganz
                         zusammenfällt?
Ich fürchte, nein.
Oder kann doch ein Gott noch unsre Rettung sein?
Kann uns ein himmlisch-weiser Vater
ein Regisseur sein in dem Welttheater?
Was ist das Leben, frag ich mich zum Schluss
                         erneut.
Ich weiß es nicht, zumindest noch nicht heut'.

                         27.9.2011 (1:56)

Geringe Leistung

Was ich leiste, ist gering,
obwohl es mir schon schlechter ging.
Was ich möchte, was ich will,
drüber schweig' ich lieber still.

Was ich schaffen soll auf Erden,
muss erst noch enträtselt werden.
Niemand gab mir einen Plan
wie man geht sein Leben an.

Und so bleibt es eben schwierig.
Ja, ich bin schon neubegierig,
was erwartet mich noch alles?
Ich werde wohl, im Fall des Falles,
irgendeinen Weg beschreiten
und still bis an mein Ende gleiten.

10.06.2016 (15:54)

Rundherum

Ist es nicht verwunderlich,
dass noch immer lebe ich?
Könnt' davon der Grund wohl sein,
dass noch immer ich ‚allein'? Nein!

Der Grund dafür ist sicher
ein anderer; ich kicher,
wenn ich solches von mir gebe.

Grund hin, Grund her, kurzum, ich lebe!
Immer noch – und besser doch
als so manche Zeit zuvor.
(Kommt mir jedenfalls so vor.)
Ja, mir geht es rundherum „Diedeldum".

10.06.2016 (17:13)

In der Dichterstube

Wenn in meinem Dichterstübchen
ich an neuen Reimen schmiede,
denk' ich mir, als Dichterbübchen,
dieweil ich Instant-Kaffee siede,
hat man's schon besonders schwer,
denn man ist so ganz allein –
wenn da doch wer andres wär!

Muss es immer denn so sein?
Wo krieg ich eine Freundin her?
Auf dem freien Single-Markt
findet man nur schwer ein Mädchen:
eher kriegst 'nen Herzinfarkt
als 'ne Ledige im Städtchen.

Also fass' ich den Entschluss,
wenn's denn einmal so sein muss,
dass ich auf der Suche bleibe,
während ich Gedichte schreibe,
werde ich in Inseraten
schmökern und wenn eine passt,
wird, bereit zu neuen Taten,
gleich ein Antwortbrief verfasst.   19.10.2000

Was man werden wird

Was man hier auf dieser Erde
am End' auch jeweils werden werde,

bleibt bis zuletzt doch überraschend
und ein Geheimnis bis zum Schluss.

Den Blick ins Schicksal nie erhaschend,
bleibt dir nur die Geduld ein „Muss".
Doch darf dich das nicht ernstlich kränken;
nein, du musst dein Schicksal lenken,

soweit dies in deiner Macht steht
und wenn dein Weg durch tiefe Nacht geht,
sei gewiss, der Tag wird kommen,
der dir trocknet deine Tränen.
Denn du gehörst doch nicht zu jenen,
die den Sinn im Leben missen
und die frei sind vom Gewissen,
das doch Richtschnur sei für jeden,

der, wie wir webt eigne Fäden
in der eignen Lebensschnur.
Also werde bloß nicht stur,
sondern atme frei und denke:

„Wenn ich in die Zukunft lenke,
kann mir zwar allerhand passieren,
doch selbst die allergrößte Not
endet mit dem eignen Tod.

Und danach, dran glaub' ich feste,
folgt im Himmel erst das Beste!"   6.6.2016 (0:36)

So in Gedanken

Wenn ich so in Gedanken bin,
kommt mir wohl auch in den Sinn,
dass ich wieder was verpasse
und mir so entgehen lasse.

Dieses aber lässt mich kalt;
denn so ist es nun mal halt:
irgendwas verpasst man immer,
dabei wäre es viel schlimmer,

wenn man alles machen müsste.
Was ich dann tät'? Wenn ich das wüsste!
Nein, lieber hier im Sessel ruhn….,
…als dermaßen viel zu tun!   10.6.2016 (17:34)

Das Leben an manchen Tagen

Das Leben ist an manchen Tagen
unzulänglich, sozusagen.
Dann wirft das Leben gleichermaßen
eiterige Pickelblasen.

Das Leben ist dann schwer zu leben,
wie etwa grade jetzt, soeben.
Doch soll das freilich nicht bedeuten,
dies ginge so auch andern Leuten.

Vielleicht – im Ganzen – geht's so allen

jedoch nicht zeitgleich; das Missfallen
und andersrum das Wohlgefühl;
dem ist es warm und jenem kühl;

das kommt und geht bei jedem anders.
Das Glück, mal suchte er's, mal fand er's.
Und weil es mal sehr schön, mal mäßig,
im höchsten Grad unzuverlässig,

so ist das Leben doch im Ganzen
ein schweres Päckchen in dem Ranzen,
den jeder trägt auf seinem Rücken.
Ob du greifst nach deinen Chancen
und ob dein Leben dir mag glücken,
das wird sich erst am Ende zeigen.

So mach' dir frohen Sinn zu eigen,
der dich durch jede Mühsal trägt,
dann wird die Zukunft unentwegt
in eine gute Richtung gehen
und du wirst ruhig nach vorne sehen.

16.6.2016 (17:53)

Was wichtig ist

Was ist wichtig, was erlesen,
was ist nichtig, was gewesen?
Was ist schön und was ist gräulich,
was ist nervig und abscheulich?

Keiner kann das sicher sagen;
schlägt es uns auch auf den Magen.
Denn, es ist doch klar wie Brühe:
das Leben macht uns oftmals Mühe.

Und man kann im Ganzen schließen:
erst die Arbeit, dann das Genießen! 17.6.2016 (17:22)

Welke Winde

Wenn Mittwochs welke Winde wehen,
verliebte Menschen paarweis' gehen,
wenn auf den Straßen Autos raunen
und Schulkinder darüber staunen,
wenn Hund und Katz' sich, ich und du
und Hinz und Kunz und Müllers Kuh
nur immer eine Frage stellen,
woher nur unsre Schulden quellen,
die unsern Staatshaushalt belasten,
während wir zur Arbeit hasten
oder auch zum Arbeitsamt:
Es betrifft uns allesamt.

Was zu tun ist, weiß ich nicht;
eine Lösung wäre schlicht
sparen, bis die Schwarte kracht,
man keine weitren Schulden macht.
Doch dann fragt mancher voller Not:
„Sparn wir uns dadurch nicht noch tot?"
Heißt in einer Wirtschaftskrise

nicht vielmehr dennoch die Devise,
neue Schulden aufzunehmen,
um die Wirtschaft nicht zu lähmen?

Ein Sparschwein gibt keinen Kredit,
doch es verlangt auch keine Zinsen,
dieses teile ich nur mit
als eine Weisheit von Herrn Binsen.
Doch die Bank könnt' nicht gedeihen,
würd' sich nicht mancher etwas leihen.
Sie könnte nicht vom Schuldzins leben,
würd's eben keine Schulden geben.

Und so bleibt die Lösung schwierig,
sind wir auch noch so neubegierig,
zu erfahrn, wie's weitergehe;
wenn ich die Zukunft heiter sehe,
dann nur, weil zagen gar nichts bringt -
und wenn zuletzt die Hoffnung sinkt,
ist man so gut schon, wie verloren
und dazu ist man nicht geboren...

27.2.2003 (0:36)

Narrenfeiertag

Die Narren hab'n am Rosenmontag
grade keinen großen Schontag.
Müssen singen, tanzen, lachen
und sonst auch großen Blödsinn machen.

Bei jedem Wetter, keine Lüge,
machen sie Rosenmontagszüge.
Sie ziehen durch die halbe Stadt
und walzen ihren Frohsinn platt.
Und wenn sie durch sind, wie Spaghetti,
sieht man Girlanden und Konfetti.

Wenn dann der Letzte heimgekrochen,
der Vorletzte sich hat erbrochen,
geht auch der Dienstag dann zur Neige,
hat ausgespielt die letzte Geige,
dann folgt der Kehraus, will's der Brauch
und Aschenkreuze gibt es auch.   3.3.2003 (0:49)

Alles hat was zu bedeuten

„Alles hat was zu bedeuten!",
hört man von so manchen Leuten.
Doch von so manchem, will mir scheinen,
müsste man das glatt verneinen!

Denn es gibt so Allerlei,
sag ich, das bedeutungsfrei.
Ja, gewiss, man kann erklären,
manches wird sich erst bewähren,
wenn die Zeit vorüber geht,
die seinem Sinn im Wege steht.

Andrerseits, soll man nun warten,
bis im Winter blüht der Garten?

Bis im Mai die Äpfel reifen?
Soll man in die Zukunft greifen,
nur um dem Unsinn Sinn zu stiften,
würde uns das nicht vergiften?

Kann man denn nicht mit klaren Worten,
hier und an allen andern Orten,
konstatieren, was was taugt
und das was eher ausgelaugt,
oder sagen wir, genauer:
das, was dumm und das, was schlauer
ist und immer bleiben wird,
was Sinn oder was Quatsch gebiert?

Diese Frage stell' ich mir
und, lieber Leser, nun auch Dir!   13.7.2016 (16:07)

Auf dem Schlips

Ist dir wer auf den Schlips getreten,
verfolgt dich jemand ungebeten,
nervt wieder einer ungeheuer
und ist dein Leben dir zu teuer.
So kann ich dir nur freundlich raten,
greife zu Schaufel oder Spaten
und verbuddel, was dich quält
oder auch, das, was dir fehlt,
symbolisch auf dem Schinderanger
und gehe nicht mit Sorgen schwanger.

Weil nur wenn das, was dich verdrießt,
du aus deinem Herz ausschließt,
kannst du froher weiterleben
und dir selbst eine Chance geben.

Ja, pack die Gegenwart beim Schopf
und schlag die Sorgen aus dem Kopf.
Und danach wirst du dann sehen,
es wird dir deutlich besser gehen.

13.2.2018 (17:21)

Auf Reimsuche

Will mir dies nicht mehr gelingen,
einen Reim zustand' zu bringen?
Will mir jenes nicht mehr glücken,
'nen Gedanken auszudrücken?

Soll's dagegen mir geschehen,
dass mich keiner will verstehen?
Dass mich alle stumm nur mustern:
„Bleib bei deinen Leisten, Schustern!"

Doch, bei welchen wäre das,
was kann ich und macht mir Spaß?
Was ist denn mein Ziel im Leben,
wonach sollte ich jetzt streben?

Was ist's, dass ich und ich nur kann,
worin stünd' ich meinen Mann?

Ich muss wohl noch viel ausprobieren,
ehe endet mein Studieren,

ehe ich den Ort entdeckt,
den zu erreichen mich nicht schreckt.
Und die Aufgabe dazu,
in der ich finde meine Ruh'.

Ja, da muss noch viel geschehen,
bis ich mich selber kann verstehen.
Vielleicht bin ich dann so beschwingt,
dass mir noch mancher Reim gelingt!   24.2.18 (17:16)

Längst bewiesen

Wie sich längst schon hat bewiesen,
gibt es keinen Grund für diesen,
sagen wir mal, sogenannten
Missbrauch unsrer Anverwandten
oder näheren Bekannten,
die durch unser Zutun leiden,
wenn wir selbst zu unbescheiden
und zu fordernd gegen sie
bestehen auf dem „Was" und „Wie"
wir in der Welt zu leben streben
und daher keine Ruhe geben.

Nein, bescheiden muss man bleiben
und keine falschen Spielchen treiben.
Auch der Andere hat Rechte,

die gewahrt er wissen möchte.
Denn unmöglich kannst du glauben,
dass deinem Nächsten Nerven rauben,
ungestraft vonstatten geht.
Wer das kapiert hat, der versteht,
dass jeder Mensch für sich alleine
einstehn sollte für das Seine
und nicht ständig Andre stört,
weil sich das einfach nicht gehört.

Ja, man muss es wohl so sagen,
im Leben und an Donnerstagen
ist mancherlei schwer zu ertragen.

9.11.2018 (7:39)

Ewigkeit

Eines kann man nicht erklären -
- wie lang die Ewigkeit wird währen?
Seit wann und bis wann wird sie dauern,
wo sind die Grenzen, sind die Mauern?

Die Ewigkeit ist jene Zeit,
in der das ganze All verteilt,
in der die Sterne sind geboren,
in der auch vieles ging verloren.

Menschen, Tiere, Pflanzen, Steine
wurden Staub oder Gebeine.
Was geboren ward, muss sterben,

was geglänzt hat, wird verderben.
Nichts in dieser Ewigkeit
ist von Dauer, trotzt der Zeit.
Berge flachen ab zu Meeren,
Meere trocknen aus zu Salz.

Flammen, die den Wald verzehren,
Schweine werden Wurst und Schmalz.
Eine Art lebt von der andern;
Tod wird Leben, Leben stirbt.

Während wir durch's Dasein wandern,
sehn wir, was blüht und was verdirbt.
So erkennen wir mit Schrecken:
Vergänglichkeit an allen Ecken!   16.02.2013 (21:48)

Rosen ohne Dornen

Wenn Rosen keine Dornen hätten,
wären sie dann Rosen noch?
Wenn Liebe keine Zweifel kennte,
wäre sie dann Liebe auch?

So wie die Rose Stachel hat,
hat auch die Liebe manchen Dorn.
Läuft Leben auch nicht immer glatt,
so drängt es doch nach vorn.

Der Duft der bunten Rosen macht,
dass man sie liebt und achtet.

Der Liebe Zauber aber wacht,
dass man sich nie verachtet.

Zwei Menschen, die sich zugetan,
die woll'n das Leben teilen.
Ihr Ehebund zeigt allen an,
dass sie beisammen weilen!　　　　29.08.2013 (0:23)

Der Erste Mai

(eingedeutscht, vergleiche „The First of May"
in „Sense und Nonsense")

Es ist der erste Mai,
was soll ich tun, dabei?
Lauf ich den Rundweg lang,
oder lausch' ich dem Klang
von meinem Radio?

Ich könnte fahren Rad,
könnt' machen, was ich mag;
oder ich les' ein Buch
plan' einen Freundbesuch,
oder bleibe für mich allein.

Der „Tag der Arbeit", der ist frei
von Arbeit für mich – einerlei.
Wir feiern den ersten Mai, grad,
in etwas paradoxer Art,
was mich nicht weiter stört.　　　　1. Mai 2017 (19:58)

Wiesenblumenblau

Wiesenblumen blühen bläulich,
wird der Tag heut' wieder gräulich
oder wiesenblumenblau?
Keiner weiß das so genau!

Bienen summen dezimiert,
was die Forscher deprimiert,
die übers Insektensterben klagen.
So viele ungeklärte Fragen!

Ja, die Welt steht wieder mal
kurz vorm Abgrund, doch egal!
Geht die Welt auch munter unter,
wir kippen unsern Schampus runter
und feiern diesen Tag grau-blau.
Wird auch keiner ganz draus schlau,
wie die Welt noch wär' zu retten,
wenn wir in den Urlaub jetten
oder Plastikmüll erzeugen.
Denn es wird doch keiner leugnen,
dass wir jenen Ast absägen,
auf dem wir sitzen und erwägen,
was die Zukunft bringen mag.

Morgen ist ein neuer Tag.
Wird er uns das Chaos bringen
oder wird uns was gelingen,
dass uns vor dem Knall bewahrt?

Jeder lebt auf seine Art,
einer schädlicher als andre;
wenn ich durch die Zeiten wandre,
denk ich still für mich und heiter:

Irgendwie geht's immer weiter
und wenn nicht auf diesem Stern,
dann auf 'nem andern, weiter fern.

Sollte mein Leben morgen enden,
hat es zwar hierorts sein Bewenden,
aber anderswo, vielleicht,
wird noch irgendwas erreicht.   (10:52) 1.6.2018

Ungereimtes

Vorwiegend unsinnige Texte und
ein philosophischer

Der Eiserne Heinrich

Zugegeben, das Gedicht zum Märchen des Frosch-
königs weicht in vielen Details vom Original der
Gebrüder Grimm ab. Was auch daran liegt, dass ich
erst nach Fertigstellung die Vorlage neu gelesen
habe, meine Erinnerung an die Geschichte also
etwa 35 Jahre alt war. – Aber; was soll's, so ist es
eben eine freie Adaption des Sujets geworden. Da
verlangt etwa bei den Grimms der Frosch gar nicht
das Ehebündnis, sondern will lediglich der Spiel-
kamerad der Prinzessin werden. Er will auch keinen
Kuss, sondern bloß neben ihr im Bett liegen.

Außerdem hat die Königstochter mehrere
ältere Schwestern, die aber keine Rolle im Märchen
spielen. Und dann fehlt auch noch bei meinem
Gedicht der Eiserne Heinrich, der getreue Freund
des Prinzen, der sich drei eiserne Bänder hat um's
Herz legen lassen, auf dass es nicht zerspränge, die
dann aber bei der Kutschen-Heimfahrt in des
Prinzen Königreich nacheinander knallend abfallen.

Dieser Eiserne Heinrich hat es sogar in den
Titel des Märchens geschafft: „Der Froschkönig
oder der Eiserne Heinrich". Der Impuls für mein
Gedicht war zunächst eine Kugelschreiber-Zeich-
nung, die ich vor längerer Zeit gemacht habe und
die Sie als Titelbild des vorliegenden Bändchens in
einer mit Wachsmalkreide nachkolorierten Fassung
sehen können. Außerdem wollte ich der Welt
verkünden, dass der Froschkönig nicht durch einen
Kuss, wie in vielen Bilderwitzen zu sehen, sondern
einen Wurf an die Wand erlöst wurde. Diese
überraschende, originelle Wendung ging mir in

besagten Witzbildchen und manchen Verfilmungen zu sehr verloren. Die Frage ist ja, wie sonst (wenn der Frosch im Original nicht mal einen Kuss verlangte) hätte die Aufhebung des Fluches stattfinden sollen? Das Besondere ist ja doch, dass die Prinzessin zu keinem Zeitpunkt bereit war, dem Prinzen wirklich zu helfen! Sie wusste ja nicht einmal, dass er ein verzauberter Prinz war (vielleicht durfte er ihr das laut „Fluchordnung" gar nicht offenbaren?) Dieses Nichtwissen ist wiederum eine Extra-Herausforderung für die Erlösungsarbeit des Froschprinzen. Es wäre ja einfach gewesen, zu sagen: „Ich bin ein verzauberter Prinz; küss' mich und ich werde wieder ein Mensch!" Aber zur Entzauberung war es wohl nötig, die Prinzessin ohne diese schöne Aussicht „rumzukriegen". (Er hätte freilich auch ein ganz garstiger Prinz sein können, den sich keine Prinzessin wünschen würde.)

Die Prinzessin wollte nicht halten, was sie versprach, nahm sich insgeheim vor, das Versprechen zu brechen. Warum wurde der Prinz dennoch erlöst? Wenn sie ihn widerwillig ins Bett mitgenommen hätte, na schön; aber sie warf ihn an die Wand! Warum reichte das aus, den Froschprinz zu entzaubern? Man erkennt, dass das Märchen vom Froschkönig oder dem Eisernen Heinrich nicht logisch zu Ende gedacht ist. – Aber, wie dem auch immer sei; es ist ja „nur" ein Märchen.

Wie ich den Hirsch stellte

Vor wenigen Wochen ging ich in die dunkle Winternacht hinaus, um den Hirsch zu stellen. Der wollte aber gar nicht. Da besann ich mich auf eine List: Ich nahm einen Konzertflügel zur Hand und spielte das Präludium von Bach in einer falschen Tonart. Das konnte der Platzhirsch freilich nicht zulassen. Er kam herzu und haute mir mit seinem rechten Vorderpaarhuf auf die Finger. „So geht das nicht", sprach das humanistisch gebildete Rotwild, „wenn Sie es nicht fertig bringen, den großen Thomaskantor richtig zu spielen, dann kaufen Sie sich doch eine CD! Aber hier die ganze Nachbarschaft mit verfälschenden Interpretationen zu quälen, das ist doch keine Art, keine feine englische noch dazu!" Da hatte er es mir aber gegeben! Ich stürzte betroffen ihm zu Füßen. Meine Rechnung war nicht aufgegangen, nicht ohne den Wirt gemacht. Mein Trick, meine Falle wurde mir selbst zum Fallstrick, zur Offenbarung meiner Unfähigkeit und Schande. Sanft strich mir der König des Waldes über das gelockte Haupthaar und murmelte begütigende Worte: „Piepegal, mein Junge, wenn man einmal ins Klo gegriffen hat, muss man doch nicht gleich verzweifeln. Das nächste Mal kommst auch du in die Hitparade der Volksmusik und dann werden die Herolde, allen voran Ted Herold, dein Lob singen und sagen, Trommeten- und Zimbalklänge werden deinen Verdienst ausplaudern und die Spatzen werden es von den Dächern herunterkrakelen, das es eine Schau ist, bzw. sein wird." Ich war getröstet, schüttelte ihm dankbar die Hand, stellte und erschoss ihn mit meiner guten, alten Jagdflinte, briet ihn am offenen Grill und ließ ihn mir schmecken. Was ich nicht verdrücken konnte, fror ich in meinem umweltfreundlichen AEG-Eisschrank für schlechtere Zeiten ein. - Wir waren, in so kurzer Zeit, Freunde für's Leben geworden. Schade nur, dass ihm so wenig davon beschieden war. - Er ist von uns gegangen, aber in unseren Herzen wird er immer lebendig sein.

Manni Manlock

Wer behauptet, dass eine Völkerwanderung keine Angelegenheit von einer Viertelstunde sei, kennt Manni Manlock nicht! Mit ihm wären die Ost- samt den Westgoten übers Wochenende an ihr Ziel gekommen. Manni macht nicht viel Aufhe- bens von seinem Talent, aber ich persönlich konnte mich bereits davon überzeugen. Es stimmt wirklich! Sein Organisationsvermögen grenzt an kosmische Verhältnisse. Doch davon wollte ich eigentlich gar nicht erzählen. Als ich vorige Woche mit Manni zusammen, deshalb kam ich drauf, die Cassedy-Road entlangging, fielen uns zwei Betrunkene auf, die vor dem Lifton-Hotel zusammengebrochen waren und von einigen Hotelbediensteten fortgeschleppt wurden, nicht weit, nur bis zur nächsten Straßenecke. Da wir den gleichen Weg hatten, konnten wir die an ihrer Abladestelle angekommenen Säufer folgende Worte wechseln hören: „Jim, was'n los?", „Weiß nich', hasse mal Feuer?" Dann waren wir zu weit, um noch was mitzubekommen. Meine Gedanken, aber, waren noch ganz bei den beiden Bemitleidenswerten aufgehalten. Was konnte der eine der beiden gemeint haben? Waren seine Sinne so getrübt, dass er nicht wusste, wie ihnen geschehen war oder hatte er auf eine wirre Frage seines Freundes geantwortet? Und der andere? War er ein notorischer Raucher, der nicht mal einen Moment lang über seine Deportation reflektieren konnte, sondern sofort nach der Droge verlangte. Vielleicht gerade wegen der ungefragten Ortsveränderung und zum Trost? So beschäftigt war ich mit dem Vorfall, dass ich zuerst gar nicht auf Manlocks Frage reagierte. „Was hast du gesagt?" „Wieviel Uhr is', Schlafmütze?" „Sieben vor zwölf, Manni. Aber sag' mal, Manni, hat dich das eben nicht auch mitgenommen, diese beiden armen Schweine, wie sie so weggetragen wurden, so lieblos, weil sie den Anblick des Hotels beeinträchtigten?" „Also, weißt du, wenn es nach mir ginge, hätten die Ost- und die Westgoten nur eine Woche, was sag ich?, ein Wochenende gebraucht, um an ihr Ziel zu kommen!" „Das sagtest du schon mal, aber, ich meine, damals warst du nicht dabei, aber heute hättest du eingreifen können!" „Na, die vom Hotel waren doch ganz fix, was hätte ich da noch machen sollen? Viel schneller hätt' ich's auch nicht geschafft!" Nun wusste ich, dass mich Manni nie verstehen würde. Er war zu sehr Praktiker. Ich dagegen strebte noch nach hehren Idealen, fernen Inseln und hohen Zielen. Wir würden nie auf gleicher Wellenlänge schwimmen. Doch ganz davon abgesehen, haben wir uns sehr gut unterhalten mit den anwesenden Damen und sonstigen Passanten. Anschließend gingen wir noch in die Abbey-Road und kochten uns ein Bier.

Abendeinklang

Ein Wehen wie von weiten, tropischen Meeren her setzte ein und mit ihm, oder doch, sehr bald ihm folgend, kam ein warmer, irgendwie müde wirkender Regen auf, so unentschlossen und zögerlich, dass sich keiner recht bewogen fühlte, den Balkon zu verlassen und ins trockene Zimmer zu gehen. Immerhin hatte jemand die Dachschrägenfenster geschlossen; aber den andern schien es nach dem schwülen, verschwitzten Nachmittag ganz recht zu sein, ein paar milde Erfrischungstropfen aus der Wolkenhöhe gespendet zu bekommen. Es waren da nicht einige einzelne Wolken zu erkennen, sondern der ganze Himmel bestand aus einer einigen, großen und grauen Dunstwolke, die sich in den letzten Stunden unmerklich gebildet oder aus verstreuten Haufen zusammengezogen haben musste. Wieder ein Tag herum, dachte wohl einer oder der andere, als sie schließlich hineingegangen waren, da es nun doch aufgefrischt hatte. Licht war noch genug, denn es ging auf Ende Mai und damit Mitsommer und längste Sonnenscheindauer zu und die Uhren liefen nach Sommerzeiteinstellung - allerdings taten sie dies auch nicht länger als sonst: es blieben 24 Stunden, nur dass die langen Samstage kürzer wurden und der gegenwärtige Dienstag war in dieser Stadt wegen der Kirchweih schon ab Mittag feiertäglich geschäfte-verschlossen. Aber es gab Wichtigeres und Unwichtigeres und Anderes oder irgendwie, jedenfalls fiel einem das Denken nun schwer, bzw. hatte man keine rechte Lust mehr dazu und wollte sich lieber einringeln und abstandnehmen vom tagtreuen Trachten und Treiben des tretmühligen Arbeitsstreberlei's - und das, mehr oder weniger, tat man denn auch.

Mein Gespräch mit dem Nachtfalter
9.8.2003 (3:10)

„Ah, sieh da, ein Nachtfalter!" „Oh, schau an, ein Mensch!" „Wünsch' eine gute Nacht, Herr oder Frau Nachtfalter!" „Desgleichen wünsch' ich retour, geschätzter Menschenmann oder -dame!" Nachdem wir uns nun so ins Ungefähre hinein begrüßt hatten, war ich doch neugierig geworden und wollte wissen, wie es den Falter in meine abwegige Behausung im 2. Reiheneckhausstockwerk verschlagen hatte: „Was, wenn ich fragen darf, hat Sie denn hierher geführt?" „Je nun, es ist um diese nachmitternächtige Zeit, wo auch der liebe Mond schon untergegangen ist, gar nicht mehr so leicht, irgendwo ein offenes, beleuchtetes Fenster zu finden, wo man flattern, tändeln und vom Tag träumen kann." „Ja, das verstehe ich;

normalerweise habe auch ich nachts nur bei ausge-
schaltetem Licht die Fenster offen. So auch heute,
wie sind Sie da überhaupt hereingekommen?"
„Tja, ich bin hereingewitscht, als Sie die Balkon-
türe geöffnet haben, um noch ein bisschen
Nachtluft zu schnuppern. Ich saß schon eine Weile
sehnsüchtig am Türscheibenglas." „Wenn Ihr
Nachtfalter das Licht so liebt, warum flattert Ihr
dann nicht einfach am Tage, anstatt in der Nacht?"
„Das ist nicht so einfach," erklärte das Tier, „man
kann nicht so leicht aus seiner Haut heraus, wissen
Sie; erstens ist ein Licht in der Nacht etwas
anderes, als die pralle Sonne bei Tage. Zweitens
mögen wir die nächtlichen Lichter ja nur deswegen
so sehr, weil sie uns an den Mond erinnern, der uns
die so nötige Orientierung bietet, als stärkstes
Nachtlichtgestirn. Wenn Sie wüssten, was der
Mond so alles lenkt und leitet; von Ebbe und Flut
will ich gar nicht erst reden." „Ja, das stimmt,"
meinte ich, „sogar bei uns Menschen gibt es
Nachtwandler, die vom Mond beherrscht werden.
Mondsüchtige nennt man sie wohl deshalb auch."
„Ja, der Mond! Und Ihr, glückliches Menschen-
geschlecht, könnt ihn, wo und wann Ihr wollt,
‚selber' machen oder doch zumindest ihm nach-
eifern mit Kerzen, Fackeln oder elektrischem
Licht." „So hab' ich das noch gar nicht betrachtet,"
gab ich zu, „man ist im Allgemeinen doch viel zu
wenig dankbar!" „Das glaube ich auch. Sehen Sie,
und dann kommt dazu, wieviel sicherer Sie leben:
Wenn ich bei einem weniger freundlichen Men-

schen gelandet wäre...; ein Schlag mit Hand oder Fliegenpatsche würde reichen, mir das Lebenslicht auszuhauchen! Ihr dagegen seid groß und kräftig gebaut, Euch haut so schnell nichts um." „Schon, schon," gab ich zu bedenken, „aber wie leicht sind wir bei einem Verkehrsunfall schwer verletzt oder gestorben oder bei einem Hausbrand - oder im Meer oder See ertrunken." „Und wir," konterte der kluge Falter, „wir sind auch ohne Unfall auf der Autofrontscheibe bei schneller Fahrt zermatscht; um zu verbrennen reicht bei uns schon eine zu nah umflatterte 100-Watt-Lampe und wenn wir versehentlich auf einem Weiher landen, gehen wir zwar nicht gleich unter, können aber auch nicht mehr losfliegen, weil wir am Wasser kleben bleiben - und wenn sich unsere Flügel mit dem Wasser vollgesogen haben, ertrinken wir doch noch, wenn uns nicht zuvor eh' schon ein Frosch oder Fisch geschnappt hat!" „Ich gebe auf," gab ich nach, „Ihr seid wirklich schlechter dran als wir. Aber, wer weiß was wird, nach unseren nächsten Wiedergeburten, die Gott verhindern möge, auf dass wir uns einmal im Elysium wiederbegegnen mögen, so wie wir jetzt sind, damit wir uns auch wiedererkennen - wer weiß, ob die Karten da nicht ganz anders gemischt sein werden und jeder von uns je nach seinem Karma viel besser oder schlechter als jetzt dastehen mag? - Doch jetzt, Freund, will ich Sie vorsichtig in meinen Händen bergen und zum Badezimmerdachfenster hinaus ins Freie entlassen. Ich verspreche Ihnen, Sie

81

verpassen dabei nicht viel, denn ich werde, gleich nach schriftlicher Aufzeichnung unseres Gespräches alle Lichter auslöschen und schlafen gehen." - Und so geschah es dann auch.

Kloppheisters Botschaft

Mit fliegenden Haaren und Hiobsbotschaftermiene erwuchs Herr Kloppheister vor mir im Büro in nicht messbarer Kürze aus dem Abteilungsboden. „Der Chef kommt nicht!" war alles, was sein hart verkürzter Atem ihn auszustoßen zuließ.

Ich lehnte mich für eine bedächtige Antwort zurück. Was stört ein Chef, der nicht kommt? - Doch noch ehe etwas wohlformuliertes durch mein Gedankenschmiedeorgan entäußert wurde, trat voller gedrosselter Eile der Chef selbst in mein unbedeutendes Büro, platzierte sich neben Herrn Kloppheister und sammelte sich zu einer Schimpfkanonade, wie ich sie mir in meinen selbstverachtendsten Gesprächsvorwegnahmebetrachtungen noch nicht inszeniert hatte, brachte mich geschickt auf die moralische Größe eines Schlumpfes herunter und entließ mich dann ungnädig, unerwidern lassen habend und eiligen Schritts in Richtung seines Vorstandsbüros.

Während ich mir einen Beuteltee aufbrühte, bat ich Herrn Kloppheister (oh, hätte er doch Recht gehabt mit seinem vorigen Ausruf!)

noch einmal in aller Ruhe auszuführen, was eigentlich um Alles in der Firma, geschehen sei, das ihn zu solcher Eile und Mitteilsamkeit angeregt hatte. (11.11.1992)

Flüge auf Pegasus' Rücken

In meinen besten Lebensmomenten greift mich Pegasus bei den Hörnern. Das geht nur selten gut aus, wie sich denken lässt; denn Pegasus ist ein geflügeltes Pferd und ich ein gebürtiger Stier; das nur zu den Hörnern. Doch wie ergeht es dem armen Pferd? Wenn seine Flügel es nicht schnell genug davontragen, so ist es mir rettungslos ausgeliefert. Ich dichte dann und bilde Wort-anhäufungen, dass es einem ganz wirr und taumelig im Kopfe werden kann. Sprachliche Ungenauigkeiten und offensichtliche Missver-ständnisse konstruiere ich wahllos zu traum-gebeutelten Ballastsäcken und härenen Gewändern zusammen. Eine Schau und eine Schande ist das wahrlich. Doch, man glaubt es kaum, es macht Spaß! Ja, eine wahre Wonne und Phantastereilust packt mich und schüttelt mich recht anständig und durch und durch. - Dann, wenn alles vorbei ist und ich wieder zu Atem komme und durchschnaufen kann, besinne ich mich und denke nach...

Doch da ist nichts; es herrscht Funkstille nach solchem Überschwang. Nach Wundern und Reimwitz herrscht Flaute, Stillstand und Betrübnis.

Tragisch fürwahr, doch unausweichlich. Denn auf Yin folgt Yang, auf Tag die Nacht, auf Dichtung Erlahmen. In meinen tristesten Lebensabschnitten sehne ich mich nach Freund Pegasus.

22.4.1996

Welch' schöne Zeiten

„In welch' schönen Zeiten leben wir?" „Wissen Sie das wirklich nicht? Wir leben in den Zeiten der Cholera, der Diphtherie und des HIV-Virus. Wir leben auf Abruf in den Nachbarlandskrieg, in den Untergang, den Tod, die kollektive Gefahr der Apokalypse!" „Ich denke doch, Sie sehen zu schwarz! Wir haben doch schönes Wetter, die Ernte fiel besser aus, als erwartet und mit der Konjunktur soll es auch wieder bergauf gehen!" „Ach, lassen Sie sich doch nicht Alles aufquatschen von den Leuten, die immer etwas zu reden haben und nie etwas zu sagen!" „Also, hören Sie, man kann doch auch nicht immer nur zweifeln und verurteilen, das Leben ist doch immer wieder schön, was wollen Sie eigentlich?" „Das will ich Ihnen gerne sagen, ich will nicht immer weiterfort dumpf erdulden, ich will was verändern, zum Besseren aufrütteln." „Und das muss in Negativbildern geschehen? Täuschen Sie sich da nicht?" „Wie soll man sonst was bewegen? Wenn ich lobe, bleibt Alles wie's ist oder wird noch schlimmer!" „Vielleicht sollten Sie loben, was noch nicht ist, aber sein sollte, dann

wird es womöglich möglich!" „Sie sind ein
blauäugiger Traumhansel, aber kein ernsthafter
Gesprächspartner; ich mach' so weiter, wie bis-
her." „Jeder, wie er muss!" 29.8.1993

Das Strandburgenbauhaus

Drei Tage verbrachte Kelper im Strandburgen-
bauhaus. Dann hatte er genug gestaunt. Als er sich
wieder aufmachte, hatte sich das Wetter verändert:
Es war morgens nun bereits herbstlich kalt. Kelper
schlenderte zum Bahnhof des kleinen Ortes, hatte
keinen Koffer, nur eine leichte Umhängetasche mit
sich. Die meisten Züge hielten hier gar nicht. Er
war nicht in Eile; er wollte dennoch nicht unnötig
lange im Ort seiner gesättigten Neugierde ver-
bleiben und zur allgemeinen Last werden. Als
staunender Zaungast hatte er sich nun bewiesen,
aber das Gefühl dabei mochte er nicht, er hasste es,
nicht dazu zu gehören, nicht einer der Normalen,
sondern ein Sonderfall zu sein, auch wenn er dabei
zu einer normalen Sonderfallgruppe gehörte. Die
Angst, nicht dazuzugehören; Feigheit vor der
Eigenart. Er kannte seinen Fehler.
Es war 9.00 Uhr früh, um 10.30 Uhr ging
erst sein Zug, darum setzte er sich ins Café am
Bahnhof und bestellte einen Cappuccino. Er wurde
von unpersönlichen Händen bedient, die sein Zur-
lastfallen verdeutlichten. Aus Verlegenheit nahm er
seine Aufzeichnungen über das Strandburgen-

bauhaus aus seiner Schultertasche und überflog sie nach Hervorhebenswertem. Er fand natürlich nichts. Es war ja alles gleichermaßen unfasslich und neuwertig, die Notizen ein unvollständiger Widerschein, der noch dadurch schlecht sein musste, weil der Autor es nicht ganz begriffen hatte, was zu beschreiben war. Kelper ließ seinen Blick über die Tische schweifen: frühstückende Leute, nicht sehr viele, waren da, manche hatten kleine Reisekoffer bei sich stehen. Kelper trank langsam aus der hohen Tasse; er sah wieder die Strandburgen vor sich: Phänomenale, vergängliche Konstrukte aus diesem so besonders geeigneten Sand der hiesigen Dünen und mit dem salzigen Meerwasser der Nordsee zusammengeleimt. Wie sollte man das angemessen wider- und weitergeben, ohne Fotos gemacht zu haben, was verboten war. Es gab Wege, das zu fassen, was unfasslich erschien, ich muss nur die Sprache dazu finden, beruhigte er sich selbst. Da trat ein Mann mit einem grauen Hut ins Café und setzte sich, obwohl noch viele Tische frei waren, höflich um Erlaubnis bittend, gegenüber von Kelper an dessen Tisch. Wie nun fast zu erwarten gewesen war, begann der Herr ein Gespräch mit Kelper. „Na, so früh schon auf Reisen? Tüchtig, tüchtig, junger Freund, wohin geht denn das große Sehnen, mit Verlaub gefragt?" Kelper fand diesen Anfang merkwürdig und übertrieben salbungsvoll, doch einen Sinn für Ironie habend, erwiderte er: „Mich locken die frischen und wogenden Menschenmengen der nächstgelegenen Großstadt: dort ist mein vorübergehendes Ziel." „Denkbar schön; auch ich liebe es, Menschen um mich sich tummeln zu sehen, desgleichen, Wagen, Busse und Trams." „Oh, tatsächlich, wie erfrischend!" „Nun ja, gewiss." „Ich meine," begann Kelper, um seine vorige Euphorie zu relativieren, „jeder hat so seine ganz speziellen Vorlieben." „Sie sagen das ganz richtig," fiel der Herr mit dem grauen Hut bei, „übrigens, mein Name: Krumpenstihl, mit I-H." „Angenehm, Kelper, ohne besondere Kennzeichen." „Sie reisen beruflich?" „Wenn Sie so wollen." „Ich nämlich auch, gewissermaßen: ich gehöre zum Strandburgenbauhaus." „Oh, das ist ja interessant," rief Kelper und meinte es diesmal sogar. „Sie müssen wissen, dieses Institut ist ganz und allein schuld an meinem hierortigen Besuch!" „Ist das wahr? Na, sehen Sie, in mir finden Sie einen lebenden Katalog dieser trefflichen Einrichtung; wenn Sie also noch Fragen haben, wenden Sie sich sofort an mich. Sie können sich dabei sogar ein wenig Zeit lassen, da auch ich nämlich in die nächste Großstadt fahren möchte." „Fragen, wie schön, die müsste ich wirklich reichlich haben, so vieles ist in mir noch bewegt, so vieles hat das Anschauen noch offen gelassen. Manches entzog sich schlichtweg meinen Notationen, ich danke Ihnen für das Angebot!" Der Herr lehnte sich breit lächelnd in seinen Stuhl zurück, ganz so als hätte er bereits im Vorhinein gewusst, dass er bei Kelper Erfolg haben würde. Wie kam er eigentlich dazu, sich gerade ausgerechnet zu ihm hinzusetzen? Nun, das war jetzt vielleicht eine zu investigative Frage; was sollte es denn auch zu befürchten geben? Kelper war jedenfalls jetzt voll der Vorfreude auf die kommende Bahnfahrt in Begleitung des höflichen Herrn Krumpenstihl vom Strandburgenbauhaus, einem Kenner offensichtlich, von dem er noch Vieles zu erfahren hoffte, was ihm bislang noch unklar und verwirrend, aufklärungsbedürftig und der Erläuterung würdig erscheinen musste. Es war ein Wink des Schicksals. Jedenfalls empfand er es so.

(vermutlich aus den 90er Jahren, mit Ergänzungen vom 26.10.2003)

Mauswirtschaft

Sicherlich mag es hier in diesem unseren Land (und nicht nur dort) eine gewisse Voreingenommenheit gegenüber Mäusen geben. Sie im Hause zu haben, gilt als wenig stilvoll, hygienisch und wird nur ungerne zugegeben. Dennoch gehören die hochtönend piependen Kleinnager zu dem Possierlichsten, was der Hausrat zu bieten hat. Durch Anfütterung kann man erstaunliche Zuchterfolge erzielen. Ich bin gerne bereit, davon zu berichten. Bei mir daheim zähle ich nicht weniger als 41 ausgewachsene Exemplare. Sie haben sich ohne weiteres ins häusliche Familienleben eingefügt und nehmen Anteil am sozialen Miteinander. Besonders die Kinder begeistern sich für die Tiere. Ich halte hauptsächlich eine sehr pflegeleichte, schwarz-weiß-scheckige, niederländische Zuchtform, die bei mittlerem Milchertrag eine außerordentlich feine und hochfeste Wolle gibt. Zur vierteljährlichen Schur treiben wir die Tiere im Kinderzimmer zusammen und bearbeiten sie mit dem Langhaarschneider meines Rasierapparates. Mäuse vermehren sich bekanntlich problemlos und sehr rasch. Wir dezimieren sie durch Verkauf an andere Zuchtstätten im In- und Ausland. Freilich kennen wir jedes Mäuslein beim Vor-, Spitz- und Nachnamen, weshalb es uns bei jedem Verkauf immer wieder das Herz herausreißt, bzw. tief in dasselbe schneidet. Es wäre grundverkehrt, anzunehmen, es ließe sich mit der Mauswirtschaft eine Menge Geld verdienen. Vielmehr sehen wir uns genötigt, sie im Rahmen eines landwirtschaftlichen oder vielmehr hauswirtschaftlichen Nebenerwerbsbetriebes zu führen. Worauf es bei der Mausaufzucht ankommt, das ist vor allem die Bereitstellung geeigneter Niststätten. Gut eignen sich alte Sofas, die wenig benutzt werden, Schränke, Kommoden, Dachbodennischen und künstliche Hohlräume in nichttragenden, verrigipsten Wänden. Letzteres ist, wo nicht bereits vorhanden, etwas aufwendig anzulegen, bietet jedoch diesen Kleinsäugern den denkbar geeignetsten Schutz gegen den gefahrenträchtigen menschlichen Umgang. Als Futter eignet sich alles, was auch dem Menschen schmeckt. Um den Pelz der Tiere jedoch zu schonen und beste Wollqualität zu erzielen, sollte man sie am besten lakto-vegetarisch und auf jeden Fall vitaminreich ernähren. Eine ausreichende Befütterung ist schon deshalb tunlich, weil so der Naturfaseranteil am Hausrat, also Vorhänge, Bett- und sonstige Wäsche und Teppiche oder Tapeten, aber auch Natur- holzmöbel, als Nahrungsbasis verschont bleiben können. Wegen der ungünstigen finanziellen Ertragskraft und angesichts der angespannten und gedrängten Marktlage im Bereich der Mausan- und -aufzucht bleibt es allerdings von einer pro- fessionellen, die reine Liebhaberei übersteigende Hausmaushaltung weiterhin vorsichtigerweise abzuraten. 1.3.1999

Marlies

Marlies ist ein etwa sieben- bis 13-jähriges Mädchen in einer wohlhabenden Mittelstands- familie der monegassischen Unterschicht. Dazu muss man berücksichtigen, dass in Monaco bekanntlich die meisten deutschen, steuer- flüchtigen Milliard- und Mill-ionäre auf einem Fleck zusammengedrängt wohnen, wodurch eine wohlhabende Mittelstandsfamilie leicht ins „asoziale" Abseits gerät, zumal, wenn man, wie Marlies' Eltern, nicht steuerflüchtige Deutsche, sondern seit Generationen ansässige Einheimische sind, die sogar noch die beinahe ausgestorbene monegassische Ur-Landessprache Monegro sprechen, eine Mischung aus Französisch und Italienisch, den Sprachen also der beiden angrenzenden Nachbarstaaten, sowie Albanesisch, Turkmenisch und Alka-Seltzer. Letzteres sorgt für eine gewisse Spritzigkeit, dieser leider so selten und erhaltenswert gewordenen süd- indo-kontinental- europäischen ehemaligen National- und Zwergstaaten-Landessprache.

Marlies war ein durchschnittliches Kind, sowohl im schulischen Leistungsniveau, wie auch im Aussehen: Sie war weder sehr groß noch sehr klein, weder außerordentlich hübsch, noch auch potthässlich, weder blond, noch brünett, nicht einmal rothaarig, sondern, ja, wie könnte man das beschreiben? Ihre Haarfarbe changierte zwischen dunkelblond, schwarz und malachitgrün, mit einem Stich ins Pflaumenblaue und einer Ahnung von Terpentinbraungrau, aber wirklich nur eine Ahnung, einem zarten, wenn auch verwegenen Hauch. Sie hatte eine Nase, die an Stupsigkeit sicherlich nichts zu wünschen übrig ließ, und volle, gefühlvoll geschwungene Lippen, die meist in leichtem Spott verzogen waren, so als wollte sie gerade etwas sehr Witziges formulieren, dabei war sie jedoch eher phantasielos und gar nicht so besonders witzig-schnippisch oder satirisch-pfiffig veranlagt. Sie trug aber, dank ihres beständigen Mundverziehens, immer so eine Art Aura von einer möglichen, jederzeit zum Ausbrechen drohenden und in Vorschein zu treten wahrscheinlichen Witzigkeit und Humorbegabung mit sich herum, was wohl auch der Grund war, warum sie im Verlaufe ihrer Kindheit eine erkleckliche Anzahl von, ich will nicht sagen Fans oder Anhängern, aber doch Freunden und Bekannten um sich scharte. Doch leider wandten sich nur allzuviele von ihr wieder ab, als sich ihnen herausstellte, dass sie auf die lachwürdigen Bonmots vergeblich würden warten müssen. So kam es, dass nach glücklich-durchschnittlichem Verlauf ihrer frühen Kindheit kaum mehr als eine einzige feste und dauernde Freundin ihr verblieben war. Dieses eine Mädchen hieß Pietra, ein typisch monegroischer Name, der sich natürlich vom bekannten „Petra" und damit vom lateinischen „Petrus", der Fels, ableitet. Und eben wie ein Fels (auf dem schon mal eine ganze Kirche aufgebaut wurde) so war auch diese kleine Pietra (sie war auch wirklich kleiner als Marlies und obendrein ziemlich dick, dabei dennoch von anmutigem Gesichtsausdruck) ein Fels an Freundschaftlichkeit und unbedingter Treue. Man konnte meinen, mit ihr hatte Marlies, bei allen kindlich erlebten Rückschlägen und Enttäuschungen, doch eigentlich richtig Glück gehabt und konnte dankbar und letztlich zufrieden sein.

Pietra war sehr gut in der Schule, fast könnte man versucht sein, sie als Streberin und Liebkind bei allen Lehrern zu bezeichnen, doch das würde Marlies nicht gestört haben und tat es auch nicht, sie war nicht einmal neidisch sondern, im Gegenteil, stolz auf die Freundin. Witzig war Pietra ebenfalls nicht und vermisste dies auch nicht bei Marlies, wobei wir nicht völlig ausschließen wollen, dass auch sie sich von dem schnippisch-verzogenen Mund Marlies' bezaubert und ange-zogen gefühlt haben mag, damals in der 3. Klasse, als sie sich kennenlernten, als die beiden einzigen Grundschulen Monacos aus Einsparungsgründen zusammengelegt und mit der einzigen Hauptschule zur Grund- und Hauptschule „Gracia Patricia von Monaco" erweitert worden waren - Boris Becker war nämlich gerade weggezogen, welcher ja in Bildzeitungskreisen dafür bekannt gewesen war, Unsummen an steuerlich hinterzogenen Millionen-beträgen auf den Casino-Tischen Monte Carlos, bei seinen seltenen Besuchen in der Wahlheimat, verloren zu haben und damit einen nicht unbeträchtlichen Anteil am Staatshaushalt des ansonsten als Steueroase bekannten und ge-schätzten Fürstentums beizutragen.

Das Leben war insgesamt recht friedlich in Fürst Rainiers Mittelmeerküsten- und Cote d´Azur-Zwergstaat für Pietra und ihre Marlies. Die Ferien verbrachten sie abwechselnd in Italien und Frank-reich, oftmals beide Familien gemeinsam, da beides Einzelkinder waren und so die Kinder doch jemanden zum Spielen hatten. Sie sprachen auch die Landessprachen der beiden Nachbarländer fließend. Französisch ist ja ohnedies die heute gültige Sprache Monacos. In ihrer Freizeit hörten sie den deutschsprachigen Touristensender „Radio Monte Carlo" und wunderten sich dabei über die knackenden, rollenden und fauchenden Worte der deutschen Sprache, von der sie, trotz der vielen deutschen Neubürger, die aber oft nicht da waren oder wenn dann völlig unter sich und abgeschieden wie die Fürstenfamilie selber blieben, kein einziges Wort verstanden. Eines Tages jedoch trat ein Ereignis in ihr Leben, das alles verändern, wo nicht gar umwerfen oder umkrempeln sollte. Ein Vorfall und plötzlich und unerwartet eintretender Zu- und Unfall, ein erdbebenartiges, feuersbrünstig-über-schwemmungshaftes Naturereignis geradezu, dass mir vorerst die Worte fehlen, um es in solche zu kleiden, sodass ich Sie, meine lieben, geschätzten und raren, erst noch zu gewinnenden Leser, vorläufig um Entschuldigung bitten muss, wenn ich Sie im Moment um Geduld bitte und darum, darauf zu warten, bis mir etwas Unerhörtes, Neues und Sinnfälliges dazu eingefallen ist, und mich in die glückliche Lage versetzen möchte, hiernach fortzufahren.

5.11.2003, vorläufig beendet um ca. 4:09

Das Schloß des Ian Mac Kenzie
Einige Fragmente seit 4.8.1996

Ian Mac Kenzie hatte einen schlechten Tag gehabt. Er saß im großen Ohrensessel in seinem Kaminzimmer, schaute dem prasselnden Feuer zu und überlegte, was er morgen tun sollte. Er wohnte ganz allein in dem schon etwas ausbesserungsbedürftigen Schloß, das er von seinem Großvater geerbt hatte, der ein amerikanischer Millionär schottischer Herkunft gewesen war und sich mit dem Kauf des Schlosses einen alten Traum erfüllt hatte, nämlich den der Rückkehr ins raue Land seiner Vorfahren. Für Ian war es eine schwere Entscheidung gewesen, das Erbe anzutreten und damit auf seinen gewohnten amerikanischen Luxus zu verzichten und in die schottischen Highlands umzuziehen. Und nun bereute er es auch bereits, denn er war verschuldet und wusste nicht mehr, wie er Strom und Wasser und sein tägliches Auskommen begleichen sollte; die Millionen seines Großvaters hatte er nämlich nicht geerbt, sondern seine Cousine in Seattle.

Ian hatte ein Buch aus der Hausbibliothek auf den Knien liegen, doch er kam vor Sorgen nicht zum Lesen. Entnervt warf er das Buch auf den Beistelltisch und holte sich ein Glas von seinem letzten bar bezahlten 12-jährigen Whisky und nahm einen kräftigen Schluck. Mit dem Glas in der Rechten stellte er sich an das hohe Doppelflügelfenster und blickte in das schattenhafte Dunkel. Unklar nahm er Baumschatten wahr, die sich im Nachtwind wiegten. Leise klirrten die Fensterscheiben und irgendwo schlug ein Fensterladen. Ian seufzte halblaut. Er nahm noch einen Schluck und atmete erneut tief durch. Heute war er bei seiner Bank gewesen. Man hatte ihm keinen Kredit mehr gegeben, sondern geraten, das Schloß zu verkaufen. Doch wer kauft so ein verwittertes Gemäuer in dieser unwirtlichen Einsamkeit – und was sollte er mit dem sicher nicht sehr hohen Erlös abzüglich der Schulden anfangen? Würde es für einen Neuanfang reichen? Er hing nicht übermäßig an dem Schloß, aber er hasste seit jeher Veränderungen und Herausforderungen; alles Neue, zukünftig Ungewisse war ihm suspekt. – Ian Mac Kenzie war Schriftsteller. Sein letztes Buch war ein Flop gewesen. Der Verlag erwartete einen Erfolg für das Nächste, andernfalls drohten sie mit Vertragsaufkündigung. Die Lage war denkbar verfahren. Ian ging zurück zum Kamin, setzte sich, nahm wieder das Buch auf, legte es wieder weg, leerte den Rest seines Whiskyglases und wollte gerade wieder seufzen, als er plötzlich ein unvertrautes Geräusch hörte. In einem Haus, wie dem seinen hörte man öfters ungewöhnliche Klänge: ächzendes Holz, knackende Dielen oder raschelnde Mäuse. Aber das war etwas ganz anderes: Ein Schlurfen wie von Filzpantoffeln. Es kam aus dem oberen Stockwerk und schien näher zu kommen. Dann verstummte es kurze Zeit, die Ian sehr lang vorkam, denn er lauschte mit vor Schreck angehaltenem Atem, und bewegte sich dann weiter in Richtung Treppenhaus. Ian stellte beherzt das Glas auf den Tisch, nahm mit zitternder Hand einen rostigen Paradedegen von der Wand und schlich zur Tür. Behutsam öffnete er sie und trat hinaus.

Die Treppe herunter war ein schwacher, bläulicher Lichtschein wahrzunehmen und das Schlurfen schien beim oberen Treppenabsatz angekommen zu sein. Ian hielt den Degen zu allem bereit vor sich hin, obwohl er damit überhaupt nicht umzugehen wusste und wartete, was passieren würde. Tapsende Schritte kamen die Treppe herab, der Lichtschein wurde stärker. Ian zückte den Degen, wie er es in einem Piratenfilm gesehen haben mochte und ließ die Spitze probend kreisen. Doch dann ließ er ihn zu Boden sinken; er hatte den Mund weit aufgerissen und glaubte nicht, was er sah: Vor ihm, auf halber Geschosshöhe, war eine durchsichtige, blau schimmernde Gestalt in altertümlicher Kleidung erschienen. Das Gespenst hatte Ian aber noch nicht entdeckt und schlappte weiter die Stiegen herab. Plötzlich blickte es dem jungen Schloßherren in die starr geweiteten Augen und verharrte. „Guten Abend, Lord Mac Kenzie; es tut mir Leid, wenn ich Sie erschreckt haben sollte." „Oh, ganz und gar nicht, es ist nur... ich hatte Sie... so etwas nicht erwartet!" Der Geist lächelte süffisant. „Ich bin übrigens kein Lord, Sir, nur einfach Mister Mac Kenzie." „Hier haben immer nur Lords gewohnt, mein Lieber, ich lasse keine Ausnahme gelten!" meinte der Geist sehr bestimmt. „Woher kennen Sie überhaupt meinen Namen?" wunderte sich Ian. „Ich weiß und kenne so einiges, mein Guter, außerdem bin ich um Einiges länger in diesem Haus und dieser Gegend als Sie. Und dann hat man, Sie gestatten, in meiner

Daseinsform, der Ätherischen ganz andere Informationsmöglichkeiten als als gestandener Mensch." „Schön für Sie," meinte Ian, „da fällt mir ein: Warum stehen wir denn immer noch so unbequem im Treppenhaus? Kommen Sie doch ein wenig mit mir ins Kaminzimmer, da können wir uns gemütlich hinsetzen." „Herzlich gern, ich folge Ihnen." „Darf ich Ihnen vielleicht einen Whisky anbieten?" wandte sich Ian an seinen durchsichtigen Gast, als sie vor dem Kamin Platz nahmen. „Wenn Sie mich das vor dreihundert Jahren gefragt hätten, hätte ich gewiss nicht ‚nein' gesagt, aber leider, leider; heutzutage kann ich damit nichts mehr anfangen; ich behielte es einfach nicht." „Sie haben mein volles Mitgefühl. Aber ich brauche, glaube ich, noch einen." Ian stand noch einmal auf und bediente sich. Als er zum Sessel zurückkam, fragte er beiläufig: „Sie sind dreihundert Jahre in dieser Form unterwegs, haben Sie vorhin angedeutet; waren Sie dann hier wohl einmal der Schloßherr, wie darf ich Sie anreden?" „Ja, ich war tatsächlich einmal der unumschränkte Herr in diesem Hause; ich bin, vielmehr, ich war der 17. und letzte Lord Bloomingwood. Tja, mit mir ist dieses exquisite und bemerkenswerte Geschlecht – Sie verzeihen mein gespensterliches Eigenlob – leider ausgestorben. Mir waren keine Nachkommen vergönnt. Es, es… hat nicht sein sollen." Der seltsame Gast schien verlegen über ein Geheimnis schweigen zu wollen und Ian zog es vor, vorerst nicht weiter in ihn zu dringen und fragte anstatt dessen: „Nun, aber dreihundert Jahre, was macht man als alleinstehender Herr im besten Mannes – also, äh, in gleich bleibend vergeistigtem, nun, in, äh, in ewigkeitsdurchtränkter Alterslosigkeit so in diesem alten, Ihrem Stammsitz, diesem doch nun leider etwas zugigen Gemäuer so allein... Wie haben Sie sich die Zeit vertrieben, Lord Bloomingwood?" „Tjahaha," lachte der verblichene Schloßherr, und man sah ihm an, wie froh er nun war, etwas so unverfängliches gefragt worden zu sein, „das war freilich nicht immer das reine Zuckerschlecken, hier so ohne Warmwasser und Zentralheizung, noch dazu auf nächtlichen Um- und Ausgang beschränkt gewesen zu sein und dann größten Teiles der Zeit völlig allein zu Hause... Ich sage Ihnen Lord Mac..." er sah Ian verlegen das Gesicht neigen, „also, von mir aus Mr Mac Kenzie; wirklich, es war... öde! Langweilig war es bis dort hinaus, denn es geschah ja praktisch nichts." „Nicht mal jemand zu erschrecken, was?" Ian grinste mitleidig. „Ja, nicht einmal das. Ja, haha, nicht einmal Sie habe ich erschreckt; da sehen Sie, wie außer der Übung ich geraten bin." „Nun, nun, das will ich nicht sagen," fiel Ian tröstend ein, „erschrocken, das können Sie mir glauben, lieber Lord, erschrocken bin ich allerdings schon und gar nicht schlecht. Nur, wir Mac Kenzies lassen uns nicht gleich alles anmerken. Bedenken Sie, dass ich vor lauter Furcht gar den Degen wider Sie erhoben hatte. – Dabei danke ich meinem

Schöpfer, dass ich ihn nicht auch gebrauchen musste, denn als neuzeitlicher Amerikaner von der Ostküste habe ich keine Ahnung, wie man mit so etwas umgeht." Der Geist schmunzelte: „In der Tat, wenn es darum gegangen wäre, hätte wohl ich die besseren Karten gehabt. Denn, im Fechten tat es mir so leicht keiner gleich." „Da bin ich ja noch einmal glimpflich davon gekommen!" schmunzelte nun auch Ian. „Wie kommt es aber," besann er sich dann jedoch, „dass Sie überhaupt so gastfreundschaftlich auf mich zu gekommen sind?" Ist es nicht doch – wir sprachen es schon an – eher Geisterbrauch, zu rasseln und Angst und Schrecken zu verbreiten?" „Nun, wissen Sie, Mac Kenzie," das „Mister" ging ihm doch immer noch schwer über die blassen Lippen, „wenn man so lange keine Ansprache hatte, vergisst man alle Klopfgeistertugend schnell und ich wollte mir nun wirklich nicht den ersten ernstzunehmenden Gesprächspartner seit langem, gleich bei der ersten Begegnung vergraulen und verprellen." ….

Gedanken zur Fortsetzung

Ian bekommt durch den Kontakt zu dem Geist neue Ideen für seine Schriftstellerei. Außerdem wäre denkbar, den Schloßgeist bei öffentlichen Besichtigungen touristisch zu nutzen. Außerdem kommt Ian mit der Zeit hinter das dunkle Geheimnis, das der Geist verbarg: Lord

100

Bloomingwood war verheiratet, bekam aber keine Nachkommen. Seine Frau begann eine Affäre mit Lord Waterfill, dem Mitglied eines noch heute in der Gegend ansässigen Nachbar-Clans und wurde dabei schwanger. Lord Bloomingwood kam dahinter und erstach den Nebenbuhler in einem geheimen Duell. Einer der Sekundanten Waterfills verriet ihn jedoch und so wurde Bloomingwood öffentlich hingerichtet, weshalb er seitdem auf dem Schloß zur Strafe herumgeistern musste. Seine Frau heiratete, da es damals für eine alleinstehende Mutter undenkbar war, ehrbar zu leben, einen entfernten Verwandten, einen Mr Mac Kenzie, der ihr Kind, einen Sohn adoptierte. Dieser wiederum emigrierte, da er die Folgen des Makels seiner Herkunft nicht erdulden wollte, mit Erreichen der Volljährigkeit nach Amerika und begründete dort das naturalisierte, amerikanische Geschlecht der Mac Kenzies, die eigentlich hätten Waterfill heißen müssen und somit adliger Abstammung waren. Der Schloßgeist erkannte nun aufgrund seiner geisterhaften Intuition in Ians Großvater, der das Schloß nach so langer Zeit in der alten Heimat erwarb, den Nachkommen des von ihm ermordeten Lord Waterfill, vertraute sich ihm an und verständigte sich mit ihm dahingehend, dass er nach seinem Ableben das Schloß seinem Enkel Ian vermachen sollte, nicht aber seine Millionen, denn um die Finanzierung zu ermöglichen, sollte der Geist als Sühne Ian beistehen, ausreichend Geld zu verdienen, um sich und das Haus zu erhalten.

Außerdem sollte er ihn darauf aufmerksam machen, dass er in der Gegend noch begüterte Verwandtschaft habe, die von den Brüdern Lord Waterfills abstammten. Der Geist, der begriffen hatte, dass er nun einmal karmisch mit den Mac Kenzies verbunden war, bekommt nun die Erlaubnis von höherer Stelle, sein jammervolles Erdendasein in seinem Stammsitz zu beenden. Da es in Gegenwart Ians nun aber wesentlich unterhaltsamer geworden ist, schiebt er diese Änderung seiner Daseinsform aber noch ein wenig auf....

Weitere Gedanken zur Fortsetzung...

„Das kann ich verstehen, lieber Lord; ich merk's ja selber, man vereinsamt hier schnell in diesen gottverlassenen Highlands – oh, Verzeihung, wenn die Nennung Gottes sie verletzt haben sollte!?" „Wieso denn das; ist er doch mein oberster Vorgesetzter, wenngleich ich einräumen muss, dass ich ja selber in einiger Gottesferne und -verlassenheit lebe, da ich ja vorerst noch nicht im himmlischen Jerusalem weile, sondern auf dieser Burg meine einsamen Nachtwandlungen durchzuführen mich genötigt fühlen muss." „Und das wohl bald wieder ganz alleine oder mit einer anderen Gesellschaft als der meinigen. Da nämlich meine Bank das Schloß als Sicherheit für einige Kredite akzeptiert hatte, nun aber verlangt, dass ich entweder zahle oder das alte Gemäuer verkaufe, bzw. die Bank verkauft es dann selber!" „Mac Kenzie," rief der Geist sozusagen entgeistert, „seien Sie da nur ja nicht zu vorschnell! Ich kann Ihnen da nämlich durchaus weiter- oder abhelfen. Um die erste Not zu lindern und Kredite zurückzuzahlen werde ich Ihnen und nur Ihnen, denn Sie sind mir nun mal so sympathisch, verraten, wo ich persönlich und noch zu meinen irdisch-blutvollen Lebzeiten den Familienerbschatz vergraben habe, damit ihn die Behörden nicht finden sollten. Der Platz ist bis heute unberührt. Für Ihre laufenden Unterhaltskosten gibt es indeß interessante andere Wege. Sie sind doch Schriftsteller und derzeit, wie soll ich sagen, in einer Schaffenskrise. Nun, ich kann Ihnen Geschichten erzählen, die Sie zu neuen Büchern inspirieren werden. Und ich könnte Ihnen noch unmittelbarer helfen: Wie wäre es, wenn Sie Ihr Schloß dem Fremdenverkehr öffnen würden? – Ein bisschen Werbung müssten Sie dazu freilich machen, vielleicht auch über dieses moderne Teufelszeug, dieses „Internetz", aber auch in den Tourist-Offices von Glasgow und Edinburgh – und als Highlight der Führungen könnte ich den Besuchern erscheinen, als echter Schloßgeist – eine wirkliche Attraktion, wie ich meinen will." „Das würden Sie alles für mich tun?" Ian war ganz gerührt. „Ich gestehe, es ist nicht ganz uneigennützig," erwiderte der dahingeschiedene Lord, „ich bekomme gewissermaßen Hafterleichterung für diese geistige Arbeit. So z.B. dass ich für die Touristen auch tagsüber spuken darf. Sie glauben gar nicht, wie ich mich darauf freue, wieder einmal die Sonne zu sehen!" „Also, d.h., dass sie Ihnen nicht schaden würde?" erkundigte sich Ian. „ich bin ja doch kein Vampir!" entrüstete sich Lord Bloomingwood, „es könnte aber sein, dass ich noch um eine Idee blasser wirken werde." „Wir könnten ja für die entscheidenden Geist-Erscheinungsmomente gegen Ende der Führungen, die Rolläden schließen!" „Sehr guter Einfall, Mac Kenzie. Übrigens könnten auch Sie mir helfen..." „Womit oder wobei?" „Einfach indem Sie meine Hilfe annehmen und... aber das erzähle ich Ihnen ein andermal; ich fürchte, meine Zeit ist für heute gekommen; vorerst und solange Sie noch keine Führungen veranstalten, bleibe ich auf die klassische Geisterstunde beschränkt. Ich muss demnach noch immer punkt 1:00 Uhr unweigerlich einschlafen und dazu ziehe ich mich gerne auf den Dachboden zurück – der Keller ist mir zu feucht, das Rheuma, Sie wissen schon..." „Das auch Geister davon nicht verschont bleiben, beunruhigt mich ein wenig und ich bedauere es außerordentlich für Sie", meinte Ian. „Ja, ich sagte Ihnen ja schon; ich bin noch nicht aller irdischen Leiden bar und ledig und noch nicht im Elysium. – Aber morgen Nacht zum Datumswechsel komme ich unfehlbar wieder und führe Sie zum Familienschatz. Doch jetzt muss ich wirklich", er gähnte vernehmlich, „Sie entschuldigen schon, aber es ist jetzt wirklich Zeit für mich; Gute Nacht!" „Gute Nacht, lieber Lord Bloomingwood!" Und noch weitaus schneller, als er hereingeschlappt war, verschwand der adlige Geist jetzt, ohne die Türe zu öffnen, durch sie hindurchfließend und ward vorerst nicht mehr gesehen. Ian Mac Kenzie, derzeit noch glückloser Schriftsteller, noch glückloserer Schloßherr und schottisch-stämmiger Amerikaner saß da und sann dem gerade erlebten nach. War er noch ganz bei Trost oder hatte ihn der Inselkoller, der britische Spleen und Geister-glauben erwischt? Aber, er neigte überhaupt nicht zum Somnambulen, war weder abergläubisch, noch allzu gutgläubig, und so konnte er nichts Anderes, als es glauben, dass er sich nichts eingebildet oder erträumt hatte und das alles so war, wie er es soeben erlebt hatte. Er leerte sein letztes Glas Whisky für heute Nacht und begab sich dann auch zur Ruhe, nur natürlich nicht auf den Dachboden, sondern in das altmodische Himmelbett, das vielleicht, womöglich einstmals vor geschätzten 300 Jahren das Bett seiner Lordschaft gewesen sein mochte. Er schlief tief, doch traumreich und lange bis in den späten Vormittag.

Noch ein Fragment zur Fortsetzung des Fragments:
2. Kapitel

Die Sonnenstrahlen hatten beinahe schon die letzten Nebelfetzen von den rollenden Hügeln, die das Schloß des Ian Mac Kenzie umgaben, fortgeleckt und boten Ian einen ungewöhnlich lieblichen Anblick seiner neuen Heimat. Er stand im Jogginganzug am weit geöffneten Fenster, umspielt von der späten Morgenluft und machte seine Tai-Chi-Übungen, die ihm noch drüben an der Ostküste der USA ein befreundeter Heilpraktiker verordnet hatte und die er bereits etwa bis zur 40sten Figur beherrschte, die er aber seit seiner räumlichen Veränderung leider nicht weiter hatte erweitern können; zwar besaß er ein Buch mit allen Figuren, indeß, es war ihm zu beschwerlich, allein und ohne Trainer und körperlich-plastische Anleitung, sich weitere Figuren zu erarbeiten. In dem kleinen Orte nächst seinem Schloß gab es natürlich auch keine Volkshochschule oder dergleichen, etwa einen privaten Tai-Chi-Lehrer, die oder den er so ohne weiteres hätte konsultieren können. – In dieser morgenkühlen, frischen Luft kam ihm der geistige Spuk erst recht vor wie – nun eben wie ein Spuk und an seinem brummenden Hirn und der fast bis zur Neige getrunkenen Whiskyflasche konnte er fühlen und sehen, dass es gewisse Gründe und Hinweise gab, an dem Erlebten zu zweifeln. Als er dann etwas später aber sein Frühstück, bestehend aus Schinken, Rührei,

Porridge sowie Corn-Flakes und zweier saurer Heringe nebst einiger Gewürzgurken, aufgeschnittener Tomaten und Chutney-Sauce mit großer Hingabe verzehrt hatte, entdeckte er, dass einer der Paradesäbel im Kaminzimmer von seinem hängenden Platze an der Wand entfernt war und an den Lehnstuhl angelehnt stand. So hatte er entweder doch nicht, oder wenn, dann sehr lebhaft geträumt. Doch war, wie gesagt, bislang noch keinerlei Schlafwandlerneigung bei ihm oder einem seiner Angehörigen bekannt und nachgewiesen und das sprach denn doch alles eindeutig für die wahrhaftige Existenz des nächtlichen Gastes. – Nun, tröstete sich Ian, man würde es noch früh genug sehen, was die kommende Nacht bringen würde. Zuförderst nahm er sich vor, das Schloß, und dabei ganz speziell auch den Dachboden, sowie die nähere Umgebung genauer zu erforschen, was er bislang verabsäumt hatte. Zu sehr war er bislang mit Lesen beschäftigt gewesen sowie mit dem Versuch, an seinem Laptop mit seinem aktuellen Buchprojekt voranzukommen. Ob Traumwahn oder nicht, er fühlte seine Phantasie neu erfrischt und bewegte bereits allerlei frische Ideen für neue Bücher. Vielleicht könnte er sogar an einen Gedichtband mit altertümelnden Sonetten und Minnegesängen denken oder an Rittersagen und -romane, Berichte gar über die Fehden alteingesessener schottischer Clans. Das müsste seinem amerikanischen Verleger gefallen. Historienromane hatten ja eine feste und wachsende Leserschaft und erfreuten durch ihren erfrischenden Gegensatz zu den reichlich aus-gewaideten Geschichten über Beziehungskisten moderner Prägung. Wenn, ja, wenn er wirklich irgendwie – durch den Geist Lord Bloomingwoods oder durch ein neues Buch – zu Geld kommen sollte, wäre womöglich auch an die Anschaffung von ein oder zwei Pferden zu denken. So könnte er ausreiten und leichter als mit seinem klapprigen Fahrrad in die nächste Ortschaft gelangen. Denn, wenn er recht gesehen hatte, stand im Stall noch ein ganz brauchbarer Kutschwagen, mit dem man sogar größere Einkäufe würde erledigen können. Man wird sehen... .

Ende

(vorläufig)

Über Gott und die Welt
Ein philosophischer Aufsatz
entwickelt zwischen 31. Mai 2004 und 6. Juni 2007

Hier soll nicht behauptet werden, die fehlende, von Stephen Hawking postulierte Weltformel, die Einsteins Relativitätstheorie und die neuere Quantentheorie verbindet und aussöhnt, gefunden zu haben. Vielmehr ist mein Anliegen der Versuch, aus eigener Sicht Widersprüche zu erhellen, die kirchlicherseits zwischen diesen modernen Forschungsansätzen und einem wortwörtlichen Bibelverständnis zu bestehen scheinen. Urknall, Evolution, Schwarze Löcher und dergleichen widersprechen in meinem Verständnis nicht der biblischen Genesis, göttlichen Trinität, kurz einem göttlichen Weltenplan und sind auseinander erklärbar. Materie und Geist ergänzen sich, wenn man Geist als Energie auffasst und Einsteins Formel der Umwandelbarkeit von Energie in Materie (und umgekehrt) dagegenhält und zudem bedenkt, dass Materie als durch energiereiche Schwingungen aufgeblähte Teilchen begriffen werden kann, Teilchen die bis an den unteren Rand der materiellen Messbarkeit und „Vorhandenheit" hinabreichen, zum Teil fast schon körperlos sind, also fast keine Masse oder räumliche Ausdehnung mehr haben. Wenn also Materie aus Geist besteht, Geist aber der Stoff ist, aus dem Gott besteht, so ist das All, einen Schöpfergott vorausgesetzt, der Körper Gottes, alles ist Gott, alle Materie, aller

Geist in uns und um uns.

Der Urknall

Kirchliche Kritiker stört oft allein schon der Gedanke, das Universum solle durch einen Knall entstanden sein. Atheistische Wissenschaftler sehen im Urknall den Beweis, dass ein Schöpfer überflüssig sei. Doch schon Aristoteles nahm einen Urbeweger als Grund für das Dasein an. Und wie sollte ein Urknall ohne einen Urbeweger zustande gekommen sein? Was ist aber von dem Knall zu halten? Da zu einem Knall ein Schallübertragungsmedium (Gas, Feststoff oder Flüssigkeit) nötig ist, dieses jedoch vor dem Urknall (im absoluten Nichts) nicht angenommen werden kann, hat es wohl auch keinen „Knall" beim Urknall geben können. Genau so wenig würde es ja bei der Explosion eines Raumschiffs im Weltall oder bei einer Supernova hörbar knallen, da der Weltraum größtenteils ziemlich frei von Luft- oder sonst welchen Gasmedien ist. (Natürlich bestehen Sterne aus Gasen, aber selbst schweben sie ja in einem annähernden Vakuum, man würde sie bei einer Supernova also erst hören, wenn man von derselben erfasst und verbrannt würde.) Wenn nun beim sogenannten Urknall Materie aus dem Nichts entstanden ist, stellt sich doch die Frage, wo diese Materie hergekommen sei. Nun wahrscheinlich ist sie aus Energiequanten entstanden. Materie besteht, wie oben erwähnt, aus kleinsten, elektrisch geladenen oder neutralen Teilchen, die umeinander kreisen, zusammengehalten von Anziehungskräften (positive und negative Ladung) und Gravitation.

Esoteriker sind sich dahingehend weitgehend einig, dass es neben der materiellen Welt eine fein-stoffliche und eine geistige gebe. Diese drei Welten bauen aufeinander auf und sind ineinander verwoben und beeinflussen sich gegenseitig. Sie unterscheiden sich aber in den Dimensionen. Nach Einstein ändert sich bereits innerhalb der materiellen Welt das Raum- und Zeitverhalten je nach Dichte und Menge der Materie und Geschwindigkeit der beteiligten Körper. Erst recht dürfte das für Raum und Zeit in feinstofflicher und geistiger Welt zutreffen.

Die Trägheit der Masse bewirkt die Zeit-Dimension, ihre Ausdehnung die Raum-Dimension. Ohne das Vorhandensein jeglicher Masse, also vor dem Urknall, ist es sinnlos, Raum und Zeit zu definieren. Mit dem Urknall „entstanden" sie erst. Natürlich war ein leerer Raum die Voraussetzung für den Urknall. Leerer Raum ist aber nicht etwas „Vorhandenes", sondern nur ein Begriff für das Fehlen von jeglichem Vorhandenen. Zeit wiederum kann nicht vergehen, wenn nichts da ist, das der Zeit unterworfen ist. Reiner Geist ist es nicht. Wenn nun Geist, feinstoffliche und feste Materie nur verschiedene Energieformen sind mit unterschiedlich hoher

Schwingung, dann kann aus geistiger Energie z.B. durch Transformation, Komprimierung, Konzentration, kurz den Schöpfungsakt oder Urknall auch jede andere, mehr oder weniger feste materielle Energieform hergestellt und abgeleitet werden. Materie ist demzufolge geronnener Schöpfergeist. Das widerspricht auch nicht dem Schöpfungsbericht der Genesis. Am Anfang war der Geist, er schuf das Licht (Urknall), dann die Gestirne (Sonne, Mond, Sterne, Planeten), dann die Lebewesen aufsteigend von den einfachen zu den komplexeren. Teilhard De Chardin spricht von der Involution (Geist wird zu unbewusster Materie) und Evolution (Geistiges beseelt die Materie und schafft dadurch Bewusstsein in der materiellen Welt). Dass Adam nun nicht unbedingt unmittelbar aus Lehm geformt worden und Eva entsprechend aus einer von Adams Rippen erschaffen worden sein muss, sollte auch einen Kleriker oder Charismatiker nicht erschüttern müssen oder an der Bibel zweifeln lassen. Zumal in der Bibel zwei Schöpfungsberichte stehen. Nur in einem der beiden werden Adam und Eva erwähnt. Im andern heißt es dagegen: Er erschuf den Menschen und er erschuf ihn als Mann und Frau. Da es nach der Evolutionstheorie ja eine Entwicklungskette von den einfachen zu den höheren Tieren gibt, und Männlichkeit und Weiblichkeit kein Privileg des Menschen sind, sondern genauso gut bei Pflanzen, erst recht bei Tieren anzutreffen sind, wäre es schwer vermittelbar, warum alle Menschen von einem Mann abstammen sollten und nicht von mehreren Männern und Frauen. Außerdem wäre es eine sehr kindliche Vorstellung, Gott habe wie ein Töpfer den Menschen mit der Hand geformt (und alle übrigen Geschöpfe ebenso). Kreationisten sagen gerne, da Gott allmächtig ist, kann er auch alles machen, was und wie es ihm beliebt, also auch mit der Hand die Geschöpfe aus Lehm formen. Doch ist Gott in diesem sophistischen Sinn wirklich allmächtig? Ist nicht ein Schöpfungsakt mit Urknall und Evolution allmächtig genug? Muss er, der alles schuf und der alles aus sich heraus schuf, der in allen Wesen wirkt, sie beseelt und ihre Fortentwicklung zur besseren Anpassung und höheren Intelligenz vorantreibt, sich nun auch noch selber die Arbeitsschürze umbinden, um dieses unglaubliche Wunder der Entwicklung der Arten aus einfachsten Lebensformen durch handgreifliche Eingriffe zu umgehen und von den geschätzten vierzehn Milliarden Jahren auf die errechneten sechstausend Jahren der Genesis abzukürzen. Auch die strengen Darwinisten seien hier kritisiert: wie kann man sich eine selbststeuernde Evolution ohne göttliche Inspiration denken? Wie sollte sie zustande kommen, ohne einen geistigen Auslöseimpuls und wie soll etwa ein Schmetterling mit abschreckender Fratze auf seinen ausgebreiteten Flügeln (die er selbst so ja nicht sehen kann) auf die Idee gekommen sein, über viele Generationen, diese Mimikry zu entwickeln? Also Gott muss nicht nur den Urknall veranlasst haben, sondern auch weiterhin an der Schöpfung begleitend mitgewirkt haben, was ja auch logisch klingt, wenn man bedenkt, dass er selbst Schöpfer und Schöpfung, Erschaffer und Geschaffenes ist. Was sich da in der Evolution entwickelt, ist er, Gott, selber. Wir sind also nicht nur Abbilder Gottes, sondern Teil von Gottes Leib. Gott gleich Geist gleich Energie? Was ist nun aber diese Energie, was sind die Energiequanten letztendlich? Es sind wohl unendlich kleine, ausdehnungslose Punkte im Weltall, die in Ruhe oder in Schwingung sein können, wobei die höchste energetische Schwingung wieder der Ruhe entspricht. In der Materie schwingen diese Winzlinge des Seins viel schwächer, wodurch sie allerdings materielle Eigenschaften gewinnen und sich vom uniformen reinen Geist (= reiner Energie) abheben. Und einer dieser Energiequanten hat wohl vor geschätzten (nicht von mir) 14 Milliarden Jahren den Urknall ausgelöst, irgendwo **in the middle of nowhere**, man könnte sagen, in der Mitte des Universums, was einerseits, bezogen auf das real existierende Weltall stimmt, andererseits aber Unsinn wäre, weil die Mitte vom urtümlichen Weltall „vor aller Zeit" nicht zu definieren ist, da die Mitte von unendlichem Nichts überall oder nirgendwo oder, anders gesagt, nicht sinnvoll festlegbar oder doch wenigstens völlig beliebig und willkürlich wäre. Da zudem alle ruhenden oder höchstenergetisch schwingenden Quantenpünktlein einander völlig gleich anzunehmen sind, ist es auch

114

müßig zu überlegen, ob die Schöpfung anders verlaufen wäre, wenn der Urknall zwei Meter oder 100 Lichtjahre weiter nördlich, südlich (von wo auch immer aus gesehen) oder sonst irgendwo gezündet hätte.

Wider den Determinismus

Man könnte nun verführt sein, zu glauben, dass Gott nur die Initialzündung auslöste und dann alles sich selbst überließ, ja, dass er, als allwissender Gott bereits im Schöpfungsakt voraussah, was alles, wie und wann passieren würde. Das halte ich für äußerst fragwürdig, ja schlicht sehr unwahrscheinlich. Das Problem bei Worten wie Allmacht, Allwissen etc. ist ja überhaupt, dass es menschliche Begriffe sind, die auf ein letztlich dem Glauben vorbehaltenes, wissenschaftlich nicht endgültig zu beweisendes Wesen, also Gott, übergestülpt werden und deren Grad (also wie weit diese Macht, dieses Wissen gehe) kaum jemals zu ermitteln sein dürften für unsere beschränkten menschlichen Erkenntnismöglichkeiten. Bereits weiter oben habe ich meine Vermutung geäußert, dass Gott in die Schöpfung eingreift, die Evolution vorantreibt. Das wäre bei einem reinen deterministischen System nicht unbedingt der Fall.

Die Frage ist ja auch, ab wann wäre der Allmächtig-Allwissende Gott sich des Gesamtumfanges seines Schöpfungsaktes bewusst geworden? Erst im Zustand des sich rasend schnell ausdehnenden Feuerballs oder schon zuvor im geistigen zeit- und raumlosen Zustand davor (also in der Planungsphase)? Hatte Gott vor Entstehung von Zeit und Raum, Zeit und Gelegenheit, sich die ganze Weltgeschichte, von vor 14 Mrd. Jahren bis heute, ja bis in alle Ewigkeit, schon mal gedanklich auszumalen? Kann ich mir schlecht vorstellen. „Klar", könnten Sie da einwenden, „Sie sind ja auch nicht der Allmächtige!" Da würde ich dagegenhalten: Ich bin zwar nicht **der**, aber Teil **des** Allmächtigen, insofern ich sein Geschöpf bin und mein Bewusstsein somit Teil seines Bewusstseins ist. Und zweitens, was spricht denn gegen einen Gott, der mit seiner Schöpfung wächst, von ihr lernt und mit ihr „evolviert"? So gab es etwa in der Goethezeit Versuche von ernst zu nehmenden Wissenschaftlern, die herausfinden wollten, welches die ursprüngliche Sprache war, die Gott mit den Menschen sprach (Adam und Eva). Etwa Hebräisch? Man ging wohl davon aus, Gott habe seinen beiden Ureltern der Menschheit nicht nur den Lebensodem, sondern gleich auch noch die Sprache eingehaucht. Viel wahrscheinlicher ist doch aber, dass die Sprache eine Erfindung der Menschen ist und Gott zunächst völlig ohne dieselbe ausgekommen ist. Mit wem hätte er sich am Uranfang auch unterhalten sollen? Womöglich unterhalten sich nicht mal die Engel in einer akustischen Sprache, sondern tauschen lediglich komplexe Gedankeninhalte aus. Gott

116

lernte mit den Menschen sprechen, indem diese für sich die Sprache erfanden, die für sie nötig und sinnvoll war, weil jeder Mensch sein eigenes „Hirnkastl" hat, das ihn vom Nebenmenschen absondert und den direkten geistigen Gedankenaustausch behindert. Andererseits bewirkt die Hirnschale, ja der ganze materielle Körper, die Herausbildung von Individuen. Ja, die Materie war wohl nötig, um überhaupt Vielfalt entstehen zu lassen und aus den Myriaden gesichts- und gestaltlosen Quantenfünkchen eine endliche (aber ständig zunehmende) Menge von Geschöpfen, also Mineralien, Pflanzen, Tieren und Menschen sich herausbilden zu lassen. - Der Sinn unseres Daseins ist das „da sein"! (Zumindest ein Sinn davon...)

Die Dreifaltigkeit und was dahinter steckt

Viele Katholiken sagen, die Dreifaltigkeit Gottes wäre ein für uns unlösbares Mysterium. Mag sein. Trotzdem wage ich eine persönliche Deutung, die freilich keinen Anspruch auf Unfehlbarkeit erhebt. Ist nicht die Triade aus Gottvater, Gottes Sohn und Heiliger Geist, die uns von streng monotheistischen Religionen (Judentum und Islam) schon als Gotteslästerung ausgelegt werden könnte, weil sie die Einmaligkeit und Universalität Gottes in Frage stellt, auch ganz sinnfällig evolutionär zu erklären? Dass Gottes Sohn aus Gott dem Vater hervorgegangen ist, wird kaum jemand, der überhaupt an Jesus Christus (oder auch

Krishna, Buddha oder Laotse etc.) glauben kann, bestreiten wollen. Letztlich sind wir ja alle Kinder Gottes und Geschwister der großen mensch-gewordenen Kirchenstifter. Aber was ist mit dem Heiligen Geist? Ging er auch aus Gott, dem Vater, hervor, als sein pfingstliches Feuer, das vom Himmel fiel? Glaube ich „so" nicht. Gottvater könnte doch vielmehr auch selber aus dem Heiligen Geist hervorgegangen sein! „Vater" wurde Gott nicht beim Urknall, sondern erst, als „Er Kinder bekam". Auch bei uns Menschen nennt man einen Mann erst Vater, wenn seine Frau ihm ein Kind gebiert. Ein Vater spricht mit seinen Kindern. Wir sagten aber vorhin, das Gott zu Anbeginn des Seins keine Sprache „für sich allein" benötigte. Der Schöpfergott ist also nicht der Vater sondern der Heilige Geist. Der uranfängliche Gott, der über den Wassern schwebte, war noch nicht Vater, sondern „lediglich" reiner, ungeformter Geist. Natürlich haben wir als Glaubende eher eine Beziehung zum „Vater" als zum „Geist" und vielleicht noch mehr zum „Sohn", so wir Christen sind. Doch nur weil der Geist zum Vater evolvierte, ist der Geist deswegen noch nicht verschwunden oder überflüssig, genauso wie Christus den Vater nicht überflüssig macht. Die Vorgänger sind nicht, wie die Dinosaurier, ausgestorben (außerdem sind ja nicht alle Saurier ausgestorben, viele Echsen, von der Eidechse über den Waran bis zum Alligator leben noch und können mit gewisser Berechtigung zu den Sauriern gerechnet werden), sondern existieren gleichberechtigt, einander durchdringend und ergänzend, nebeneinander fort. Ein Katholik wird ja vielleicht auch noch Maria „Muttergottes" zur Trinität dazurechnen wollen, von den mutmaßlichen Engelsscharen, die irgendwo auch ihre göttlichen Hierarchien bilden mögen, ganz abgesehen.

Wer ist Gottes Sohn?

Ein Hindu oder Moslem sieht Jesus nicht als die Verkörperung Gottes auf Erden an. Wenn man alle Schöpfung als Körper Gottes ansieht, werden derartige Spitzfindigkeiten abgemildert. Die Frage ist ja auch, welche Rolle spielte Christus auf anderen bewohnten Planeten, derenwelche es doch sehr wahrscheinlich geben muss, in Anbetracht der unvorstellbar vielen Sonnen und Galaxien, die unsere Teleskope kaum zu erfassen imstande sind. Wurde Jesus auf jedem der vielleicht mehreren Millionen erdähnlichen, menschenähnlich-bewohnten Planeten für die „Sünd' der Welt" ans Kreuz oder etwas dergleichen geschlagen? Das kann kein gütiger Vater wollen können! Vielleicht ist Christus unser privater Gottessohn, nur für diese Welt, diesen unseren Erdenball, ja vielleicht nur für die von uns, die sich Christen nennen. Andere mögen Buddha heilig halten oder Vishnu, Krishna oder Moses, Mohammed oder Konfutse. Wenn wir alle Kinder Gottes sind, ist es dann so wesentlich, welchen Religionsstifter wir verehren, solange wir es menschlich und auf eine liebevolle, gewaltlose Weise tun? Ich denke, wenn Christus sagte: Niemand kommt zum Vater, als durch mich! Dann ist damit nicht gesagt, dass man unbedingt „bewusst" Christ sein muss, um gottgefällig zu leben. Wie sagte doch Laotse, der übrigens historisch weniger gesichert ist als Jesus, „Könnte man benennen den Weg, es wäre nicht der richtige Weg."

Es ist eben nicht alles so einfach begrifflich fassbar, was Gott und die Welt, den Geist und die Schöpfung angeht und woraus man sich keinen Bleistift machen kann...

Danksagung

Für die Hilfe bei der Auffindung der zahlreichen Fehler in der ersten Auflage für diese fehlerreduzierte Neuauflage danke ich ganz herzlich meiner Obst- und Gemüsehändlerin in Erlangen-Tennenlohe und Grundschullehrerin Frau Carmen Meyer aus Fürth-Dambach.

(Bernhard Zimmer, 1. September 2019)

Nachwort zur ersten Auflage

Da ist es nun, das zweite Buch aus meiner Feder! Sehr viel Neues enthält es ja gar nicht. Es ging bei der Veröffentlichung mehr um's Zusammenstellen, z. T. das Abtippen, als um das Neuschreiben. Trotzdem ich also vor allem aus Altem schöpfte, statt Neues zu erschaffen, hat es 3 Jahre und einen Monat gedauert, dieses schmale Werk ins Werk zu setzen. – Da ich als Autor aber gewissermaßen Nebenerwerbslandwirt bin, kann ich es vor mir selbst entschuldigen, dass ich erst jetzt fertig geworden bin. Es drängt mich kein Verleger, kein Lektor sitzt mir im Nacken, ich publiziere dieses wie das erste Buch „Sense und Nonsense" bei BoD, ohne das Risiko einer zu großen oder zu kleinen Auflage.

Aber auch mit dem Risiko, dass das Buch niemandem auffällt. Doch ich habe mir, nach dem bescheidenen Erfolg meines ersten Buches, eine Lehre daraus gezogen: Ich leugne nicht mehr, dass ich aus Tennenlohe stamme, denn ich muss im Lokalen meine Karriere beginnen: Lesungen vor Ort waren bisher fast die einzigen Orte, wo ich Bücher an Mann und Frau bringen konnte. Wer sich aufrafft zu einer Lesung zu gehen, der ist vielleicht auch bereit, sich ein Belegexemplar des Abends zu kaufen.

Doch es geht nicht nur ums Verkaufen: Gelesen will ein Autor werden! Man hat schließlich eine Message, und sei es nur, dass man jemandem ein Lächeln auf die Lippen zaubern will. – Und? Hat wenigstens das bei Ihnen geklappt? Dann empfehlen Sie das Buch bitte weiter…. (Bernhard Zimmer, 18.11.2018)

Inhaltsverzeichnis

Gereimtes - Sinn- und Unsinngedichte

Ungereimtes – Vorwiegend unsinnige Texte

und ein philosophischer